TÜRKÇE DİLBİLGİSİ

TÜRKÇE DİLBİLGİSİ

hazırlayanlar

Deniz MERİÇ - Ferhan MERİÇ

FONO Açıköğretim Kurumu
tesislerinde dizilip, basılmış ve ciltlenmiştir.
Gündoğdu Cad. 49, Merter - İSTANBUL
1999

ÖNSÖZ

Elinizdeki bu kitap, her yaştaki kişilere ve özellikle yeni bir dil öğrenenlere her zaman gerekecek bir kaynaktır.

Kişiler, kendi dillerinin genel hatlarıyla yapısını ve oluşum şekillerini bilmek durumundadır. Bunun eksikliğini her zaman hissedemeyebiliriz, Ancak yeni bir dil öğrenmeye başladığımızda, bu dille beraber gösterilen Türkçe dilbilgisi terimlerini ve kurallarını bilmek durumundayız. Bu nedenle bu kuralların ve terimlerin neler olduğunu ancak kendi dilimizi daha iyi öğrenerek anlayabiliriz.

Bu ilkeden yola çıkarak hazırladığımız bu kitap, sizlere bu konularda oldukça büyük yararlar sağlayacak ve öğreneceğiniz yeni dilin daha iyi ve çabuk anlaşılır hale gelmesini sağlayacaktır.

FONO

İÇİNDEKİLER

1. BÖLÜM

SES BİLGİSİ

DİL

İnsanların duygu ve isteklerini anlatmak için kullandıkları ses ve işaretlerin tümüne *dil* denir. Bizim dilimiz ise Türkçe'dir.

DİLİN ÇEŞİTLENMESİ

Bir dil çeşitli bölgelerde ve farklı toplum kesimlerinde birtakım ayrılıklar gösterir. Bunların başlıcaları şunlardır:

a) kültür dili

Yazarlar, şairler, bilim adamları ve basın yayın organları çok daha düzgün bir dil kullanırlar. Dilin bu biçimine kültür dili denir.

b) şive

Kişilerin eğitim ve kültür düzeylerine, geçim ve meslek durumlarına göre ortaya çıkan konuşma ayrılıklarına *şive* denir.

Aynı düşüncenin değişik şivelerde söylenişine örnek:

- *Arkadaşınız hakkında olumlu izlenimlerim var.*
- *Arkadaşınızı gözüm tuttu.*

c) ağız

Aynı dilin konuşulduğu bir ülkenin bölgeleri, kentleri, köy ve kasabaları arasındaki yazıya geçmeyen konuşma ayrılıklarıdır.

Örnek: *Karadeniz ağzı, Trakya ağzı ...*

d) lehçe

Birden çok ülkede konuşulan diller zamanla büyük değişikliklere uğrar. Bu değişiklikler zamanla yazıya da geçer. Öyle ki aynı dili konuşmasına rağmen iki ayrı ülke insanı anlaşmakta zorluk çeker. Bu konuşma ve yazma ayrılıklarına *lehçe* denir.

Örneğin, Türkçe dili, Azeri lehçesi, Çağatay lehçesi, Anadolu lehçesi gibi lehçelere ayrılmıştır.

DİLBİLGİSİ

Bir dili doğru konuşup yazabilmek için uyulması gereken kuralları belirleyen ve anlatan bilgi dalına *dilbilgisi* denir.

Dilbilgisi, konuşmada yer alan insan seslerini inceler. Yazılı dilbilgisi kurallarına geçmeden önce iyi konuşma ve güzel okumamızın püf noktaları olan ulama ve vurguyu öğrenelim.

ulama

Ünsüz harfle biten bir kelimenin arkasından ünlü harfle başlayan bir kelime geliyorsa, bu harfler birbirine bağlanarak okunur. Buna *ulama* denir.

Örnek: - Annem, bugün_İstanbul'a gidiyor.
- Gerçekten_iyiydi.

Uyarı: * Noktalama işaretleri ulamayı önler.

Örnek: "*Bahçemizde erik, armut, elma ağaçları var.*" cümlesinde virgüller ulamayı önlemiştir.

* Anlam değişikliğine yol açacaksa ulama yapılmaz.

Örnek: "*Ali top al.*" cümlesinde ulama olsaydı, anlam değişecekti.

vurgu

Sözcüklerin bir hecesinin ya da cümlenin bir sözcüğünün daha canlı ve belirgin biçimde söylenmesine *vurgulama* denir. İki çeşit vurgu vardır:

a) Sözcük vurgusu
b) Tümce (cümle) vurgusu

a) Sözcük Vurgusu: Türkçe sözcüklerin çoğunda vurgu son hece üzerindedir. Tek heceli sözcüklerde vurgu olmaz.

Örnek: *Ara**ba**, de**niz**, ağaç**lar**, bahçemiz**de** ...*

Aykırı Durumlar:

* Olumsuzluk takısı *-me* vurgu almaz. Vurgu bir önceki hecede olur.

Örnek: "*Ko**par**ma!*"

* Bazı sözcüklerde vurgu sonda değil, ilk hecededir.

Örnek: ***An**kara, **Tür**kiye, **Ay**dın* gibi yer isimleri.
***Hay**di, **hay**ret, **ya**şa* gibi heyecan bildiren sözcükler.
***Baş**bakan, **bin**başı* gibi bazı bileşik sözcükler.
***Tey**ze, **an**ne, **ba**ba* gibi akrabalık adları.
***He**men, **şim**di, **bir**den* gibi bazı zaman bildiren sözcükler.

b) Cümle (tümce) Vurgusu: Dilimizde, cümlenin vurgulu sözcüğü genellikle sondan bir önceki sözcüktür. Neye önem verdiğimizi belirten sözcüğü genellikle sondan bir önce, yani yüklemden önce kullanırız.

Örnek: *Geceleri birlikte **kumsala** giderdik.*
*Kumsala birlikte **geceleri** giderdik.*
*Geceleri kumsala **birlikte** giderdik.*

Eğer cümle devrik cümle halinde verilmiş ise vurgulu kelime yine yüklemden öncekidir.

Örnek: *Oralara **biz** gitmiştik eskiden.*

Uyarı: *Tüm çalışmalarda cümle vurgusu çok önemli olduğu için bu konu iyi öğrenilmelidir.*

HARF VE ALFABE

Konuşma seslerini yazıda göstermeye yarayan işaretlere harf denir. Türkçemizde 29 harf vardır. Bu harflerin tümü birden Türk Alfabesini oluşturur. Türklerin bugüne kadar kullandıkları alfabeler şunlardır:

1-) Göktürk Alfabesi
2-) Uygur Alfabesi
3-) Arap Alfabesi
4-) Latin kökenli yeni Türk Alfabesi

Yeni Türk Alfabesi 1 Kasım 1928 tarihinde kabul edilmiştir.

ALFABETİK SIRA (SÖZLÜK SIRASI)

Bazı kitaplar harflerin alfabede yer alan sırasına göre düzenlenir.

A B C Ç D E F G Ğ H I İ J K L M N O Ö P R S Ş T U Ü V Y Z

Alfabetik sıraya göre düzenlenen başlıca kitaplar şunlardır: Sözlük, ansiklopedi, yazım kılavuzu, telefon rehberi, dizin, fihrist, vs.

Alfabetik sıralamada hangi sözcüğün daha önce yer alacağını bulmak için önce ilk harfine bakılır. İlk harfi alfabede daha önce yer alan sözcük sıralamada önce gelir. Eğer ilk harfler aynı ise ikinci harflerine bakılır. Onlar da aynı ise farklı olana kadar devam edilir. Örneğin, "kimyon" ile "kimya" sözcüklerinin ilk dört harfleri aynı olduğundan beşinci harfler olan "o" ve "a" karşılaştırılır, dolayısıyla "kimya" önce gelir.

Bütün harfleri aynı olan sözcüklerde ünlü harfinde düzeltme işareti olmayan önce gelir. Örneğin, "*kar*" önce, "*kâr*" sonra gelir.

Aynı harflerle yazılanlardan ilk harfi küçük olan önce gelir.

Örneğin, "*akrep*" önce, "*Akrep*" (burç) sonra gelir.

HARF ÇEŞİTLERİ

Alfabemizde sekiz ünlü (sesli), yirmi bir ünsüz (sessiz) harf vardır.

ÜNLÜ (SESLİ) HARFLER

Bunlar A, E, I, İ, O, Ö, U, Ü harfleridir. Bu harfler tek başlarına okunabilirler. Ses yolundan hiçbir engele uğramadan çıkarlar. Tek başlarına hece kurabilirler. Her hecede mutlaka bir sesli harf bulunur.

Ünlü harfler dilin, ağzın ve dudakların durumuna göre çeşitlere bölünmüşlerdir.

a) Dilin arkada ya da önde oluşuna göre:

1-) Kalın Ünlüler (dil arkada): A, I, O, U
2-) İnce Ünlüler (dil önde): E, İ, Ö, Ü

b) Ağzın az ya da çok açık oluşuna göre:

1-) Geniş Ünlüler (ağız çok açık): A, E, O, Ö
2-) Dar Ünlüler (ağız az açık): I, İ, U, Ü

c) Dudakların düz ya da yuvarlak oluşuna göre:

1-) Düz Ünlüler (dudaklar düz): A, E, I, İ
2-) Yuvarlak Ünlüler (dudaklar yuvarlak): O, Ö, U, Ü

ÜNLÜ HARFLERLE İLGİLİ KURALLAR

1-) Büyük Ünlü Uyumu

Türkçe'de bir sözcüğün ilk hecesinde kalın ünlü (a, ı, o, u) varsa sonraki ünlüler de kalın; ince ünlü (e, i, ö, ü) varsa sonrakiler de ince olur. Buna "Büyük Ünlü Uyumu" denir.

Sözcük sonuna getirilen ekler de bu kurala uyar.

Örnek: *Otururlardı, gölgelik, düşünmek, ağaç, toprak, topraklar, topraklarımız, topraklarımızdan ...*

Aykırı Durumlar:

* Bazı yabancı kökenli sözcükler: İnsan, kitap, televizyon, gazete, rüzgâr, kader, istasyon ...

* Zamanla değişikliğe uğrayan bazı Türkçe sözcükler: Elma (alma), hangi (kangı), anne (ana), kardeş (karındaş) ...

* Bazı bileşik sözcükler: Kocaeli, ilkokul, gecekondu ...

Uyarı: Bileşik sözcüklerde ve tek heceli sözcüklerde büyük ünlü uyumu aranmaz.

* Bazı ekler büyük ünlü uyumunu bozar:

-ken: dolaşırken, uyurken, doğarken ...
-ki: onlarınki, sabahki, duvardaki ...
-(i)yor: geliyor, görünüyor, gülümsüyor ...
-leyin: sabahleyin, akşamleyin ...

-(i)mtrak: yeşilimtrak, mavimtrak ...
-daş: ülküdaş, meslektaş ...

2-) Küçük Ünlü Uyumu

Türkçe'de bir sözcüğün ilk ünlüsü düz (a, e, ı, i) ise öteki ünlüleri de düzdür.

Örnek: *Balık, kedi, sessiz ... (düz + düz)*

Sözcüğün ilk hecesinde yuvarlak ünlü (o, ö, u, ü) varsa sonraki hecelerdeki ünlüler dar ve yuvarlak (u, ü), ya da düz ve geniş (a, e) olur.

Örnek: *Odun (yuvarlak + dar ve yuvarlak)*
Kömür (yuvarlak + dar ve yuvarlak)
Üzüm (yuvarlak + dar ve yuvarlak)
Ufak (yuvarlak + düz ve geniş)
Kürek (yuvarlak + düz ve geniş)
Ocak (yuvarlak + düz ve geniş)

3-) O ve Ö harfleri Türkçe sözcüklerde yalnızca ilk hecede bulunabilir. Aksi halde o sözcük yabancı kökenli demektir. (*Televizyon, şoför, pilot ...*)

4-) Türkçe sözcüklerde iki ünlü yan yana bulunmaz. Bulunanlar yabancı kaynaklıdır. (*Şair, şiir, saat ...*)

5-) Türkçe'de düzeltme (inceltme) işareti bulunmaz. Bulunanlar yabancı kökenlidir. (*Rüzgâr, âfet ...*)

ÜNSÜZ (SESSİZ) HARFLER

Yirmi bir tane ünsüz harf vardır. Bunlar ancak bir ünlü yardımıyla okunabilir. Sert - yumuşak ve sürekli - süreksiz olarak ayrılırlar.

	SERT	YUMUŞAK
SÜREKLİ	**f h s ş**	**ğ j l m n r v y z**
SÜREKSİZ	**p ç t k**	**b c d g**

Not: "Fıstıkçı Şahap" sözcüklerinin sesli harflerini atarsak geriye kalan harfler bize sert sessiz harflerin tamamını verir.

ÜNSÜZ HARFLERLE İLGİLİ KURALLAR

1-) Türkçe'de b c d g harfleri sözcük sonunda bulunmaz. Ancak yabancı kaynaklı sözcükler bu kurala uymazlar. [Ab (su), Rab (*Tanrı*)...]

2-) Türkçe sözcüklerde b harfinden önce n yer almaz, fakat m yer alır.

Örnek: "*Çenber*" değil "*çember*", "*tenbel*" değil "*tembel*" ...

Bazı bileşik sözcükler buna uymaz: *Binbaşı, sonbahar* ...

3-) Türkçe'de sözcükler iki ünsüzle başlamaz. Başlayanlar yabancı kökenlidir: *Tren, gram, spor* ...

4-) Ğ harfi sözcük başında yer almaz.

5-) Türkçe sözcüklerin köklerinde ikiz ünsüz bulunmaz. Bulunanlar yabancı kökenlidir: Ku*vvet, millet, dikkat, müddet, bakkal* ...

6-) Türkçe sözcüklerde j sesi yoktur. Olanlar yabancı kaynaklıdır: *Jeoloji, jilet, jandarma* ...

7-) Sertleşme (Ünsüzlerin Benzeşmesi)

Sert ünsüzler (p, ç, t, k, f, h, s, ş) ile biten sözcüklerin sonuna c, d, g ile başlayan bir ek gelince, bu harfler sertleşerek ç, t, k harflerine dönüşür. Buna *ünsüz benzeşmesi* ya da *sertleşme* denir.

Örnek: *Kayık-çı (c - ç olmuş), sevinç-ten (d - t olmuş), coş-kun (g - k olmuş).*

Uyarı: * "de" bağlacı sertleşmeye uğramaz. İsmin "-de" hali sertleşmeye uğrar.

Örnek: "*Şırnak'ta olaylar olmuş.*" - Sertleşme var. (hal eki)
"*Olaylara Şırnak da katıldı.*" - Sertleşme yok. (bağlaç)

8-) Sert Ünsüzlerin Yumuşaması

Bir sözcük p, ç, t, k ünsüzlerinden biriyle bitiyorsa ve ünlü harfle başlayan bir ek alırsa, bu ünsüzler değişerek sırasıyla b, c, d, g (ğ) olurlar. Buna *yumuşama* denir.

Örnek: *Cevap - cevabı* (p - b'ye dönüşüyor) *Kulaç - kulacı* (ç - c'ye dönüşüyor) *Kanat - kanadı* (t - d'ye dönüşüyor) *Renk - rengi* (k - g'ye dönüşüyor) *yatak - yatağı* (k - ğ'ye dönüşüyor)

Uyarı: * Özel isimlerde yumuşama olmaz.

Örnek: *Ahmet'e, Irak'a, Vahap'a, Oruç'a ...*

* Bazı tek heceliler sesteşleri ile karışmasın diye yumuşamaz.

Örnek: *Saç, ot, at, yat, haç...*

HECE

Ağzımızdan bir solukta çıkan ses ya da ses topluluğuna hece denir. Her hecede mutlaka bir ünlü harf bulunur. Bir kelimedeki hece sayısını ünlü harfleri sayarak belirleyebiliriz. (Örnek: *Üzgünüm* - 3 ünlü harf olduğu için 3 hecelidir.)

HECE ÇEŞİTLERİ

* Bir ünlüden oluşanlar: a, e, ı, i, o, ö, u, ü
* Bir ünlü + bir ünsüz: ak, ek, uç

* Bir ünsüz + bir ünlü: bu, şu, se
* Ünsüz + ünlü + ünsüz: taş, tek, lık
* Ünlü + ünsüz + ünsüz: üst, alt
* Ünsüz + ünlü + ünsüz + ünsüz: Yurt, terk, sarp

Bir hece sesli harfle biterse böyle hecelere açık hece, sessiz harfle biterse kapalı hece denir.

Örnek: *Ka-lem* (Ka - açık hece, lem - kapalı hece)
A-ta-türk (A - açık hece, ta - açık hece, türk - kapalı hece)

DİLİMİZDEKİ BAZI SES OLAYLARI

Daha önce gördüğümüz **yumuşama** ve **sertleşme** ses olaylarındandır. Bunlardan başka şu ses olayları vardır:

* Kaynaşma

Ünlüyle biten bir sözcüğe ünlüyle başlayan bir ek getirilince, araya bir ünsüz girer. Bu ses olayına kaynaşma, araya giren seslere de kaynaştırma harfleri denir. Kaynaştırma harfleri dört tanedir: y s ş n (Kolaylık: **Yaşasın**)

Örnek: *Bahçe*-**n**-in, iki-**ş**-er, kapı-**s**-ı, oda-**y**-a ...

* Hece (ses) (ünlü) Düşmesi

İki heceli bazı kelimeler, ünlü ile başlayan bir ek aldıklarında, ikinci hecedeki dar ünlülerini yitirirler. Bu olaya *ünlü düşmesi* denir.

Örnek: *Burun - bur-u-nu - burnu* (Düşen ses -u-)
Emir - em-i-ri - emri (Düşen ses -i-)
Fikir - fik-i-ri fikri (Düşen ses -i-)
İçeri - içer-i-si - içersi (Düşen ses -i-)
Ne + için - niçin (Düşen ses -e-)
Ne + asıl - nasıl (Düşen ses -e-)
Nerede - nerde (Düşen ses -e-)

*** Ses Türemesi**

Bazı kelimeler bir ek veya yardımcı fiille birleşirken yeni bir ses türetirler.

Örnek: *Az-cık - azıcık* (Türeyen ses -ı-)
Zan-etmek - zannetmek (Türeyen ses -n-)
Öp-cük - öpücük (Türeyen ses -ü-)

*** Ses Değişmesi**

Bazen bir ses başka bir sese dönüşebilir.

Örnek: *İyi-idi - iyiydi* (i - y oldu.)
Saygı-ile - saygıyla (i - y oldu.)
Kayıp-oldu kayboldu (p - b oldu, ayrıca ses düşmesi var.)

2. BÖLÜM

KELİME (SÖZCÜK) BİLGİSİ

Tek başına anlamı olan ya da cümle içerisinde anlam kazanan ses veya ses topluluğuna kelime denir.

Örnek: Et, ot, kalem, aşk, ayak.. gibi kelimelerin kendi başına anlamı vardır. Ve, ki, de, ile, için, ama, lâkin, kadar.. gibi kelimeler ise cümle içinde anlam kazanırlar.

KELİME

YAPILARINA GÖRE	ANLAMLARINA GÖRE	TÜRLERİNE GÖRE	CÜMLEDEKİ GÖREVLERİNE GÖRE
- Basit kelimeler	-Gerçek ve mecaz anlamlı kelimeler	-İsim	-Yüklem
- Türemiş kelimeler	-Terimler	-Sıfat	-Özne
- Bileşik kelimeler	-Çok anlamlılar	-Zamir	-Tümleç
	-Deyim anlamlılar	-Fiil	
	-Eşanlamlılar	-Zarf	
	-Karşıt anlamlılar	-Edat	
	-Eşsesliler	-Bağlaç	
	-İkilemeler	-Ünlem	
	-Yansıma sözcükleri		

TEMEL BİLGİLER

Kelime çeşitlerini incelemeden önce kelimelerin nasıl oluştuklarını öğrenmeliyiz. Kelimelerin çoğu türetme ve birleştirme yoluyla oluşmuştur. Türetme yoluyla kelimelerin oluşması ekler sayesinde olur. Ekler sonuna getirildikleri sözcüklerin ya anlamını değiştirirler ya da cümlede görev almalarını sağlarlar.

Türkçede iki çeşit ek vardır: 1- Çekim ekleri 2- Yapım ekleri

ÇEKİM EKLERİ

Eklendikleri sözcüklerin anlamını değiştirmezler. Başlıca çekim ekleri şunlardır:

1- Çoğul Ekleri (-ler, -lar): İsim kökenli sözcüklere eklenirler ve çokluk anlamı kazandırırlar. Ünlü uyumuna uyarlar.

Örnek: Ev-ler, ağaç-lar, çocuk-lar...

-ler, -lar ekleri iş bildiren sözcüklere yani fiillere eklenirse çoğul eki değil, kişi (şahıs) eki olurlar.

Örnek: Geldi-ler, okumuş-lar kelimelerindeki ekler 3. çoğul şahıs ekleridir.

2- Soru Eki "mi": Sonuna geldiği sözcüğe soru anlamı katar. Ayrı yazılır. Ünlü uyumuna uyar.

Örnek: Gittiniz mi? Kalkar mısınız? Babam mı geldi?

3- İyelik Ekleri: İsimlere eklenirler ve varlıkların kime ya da neye ait olduğunu bildirirler.

Örnek:	evim	(1.tekil kişi)	arabam
	evin	(2.tekil kişi)	araban
	evi	(3.tekil kişi)	arabası ("s" kaynaştırma h.)
	evimiz	(1.çoğul kişi)	arabamız
	eviniz	(2.çoğul kişi)	arabanız
	evleri	(3.çoğul kişi)	arabaları

4- İsmin Hâl (durum) Ekleri: İsmin 5 hâlinden yalın hâli dışındakiler ek alırlar ve bunlar çekim ekleridir.

Örnek: -e hâli (yönelme durumu) = Nehire doğru yürüdüm.
-i hâli (belirtme durumu) = Denizi severim.
-de hâli (kalma ve yer durumu) = Nehirde balık var.
-den hâli (ayrılma durumu) = Denizden kum çıkardım.

İsmin -i ve -e hâlleri sesli harfle biten bir sözcüğe eklenirse daima "y" kaynaştırma harfini alır.

Örnek: Kapı-y-ı, uyku-y-a

"y" kaynaştırma harfini alması -i hâlini; iyelik eki -i ve tamlanan eki -i'den ayırmamıza yardım eder.

Örnek: Araba-y-ı kullandım. (-i hâli)
Araba-s-ı güzelmiş. (iyelik eki)
Onun araba-s-ı güzelmiş. (tamlanan eki)
Belirtili isim tamlaması

Kaynaşma olmadığı durumlarda iyelik eki -i'yi ayırt etmek için yükleme "Kimin?" sorusunu sorarız. Cevabı "onun, bunun, Oya'nın, Ahmet'in" gibi cevaplarsa bu iyelik ekidir.

Örnek: O evi satın aldım. (ismin -i hâli)
Evi güzelmiş. ("Kimin? - Onun evi." demek ki buradaki -i iyelik ekidir.)

-i eki hem hâl eki, hem iyelik eki, hem tamlanan eki, hem de yapım eki olabilir. Yapım eki -i yeni kelime türetir ve böylece ayırt edilir. (Örnek: Yazı, yapı)

Örnek: Bu yazı iyi geçirdik.	(Yaz mevsimini kastediyor. İsmin -i hâlinde)
Yazı yazmak hoşuma gidiyor.	("Yaz" kökünden -i yapım ekiyle türemiş bir isimdir.)

Çok önemli bir şeyi daha bu bölümde ele alacağız. İsmin -de hâli ile "de" bağlacı birbiriyle karışır. Bu ikisini ayırt etmeyi öğrenelim. "De" bağlacı bir sözcüktür ve ayrı yazılır. Cümledeki sözcüğün ismin -de hâlinde olup olmadığını anlamak için "nerede?" sorusunu sorarız. Cevap alıyorsak, ismin -de hâlindedir.

Örnek: Çarşıda ablamı gördüm. (Nerede? - Çarşıda.)
Kalemim arkadaşımda kaldı. (Nerede? - Arkadaşımda.)

Bağlaç olan "de" bu soruya yanıt vermez.

Örnek: Partiye arkadaşım da katıldı.
Geziye onu da çağırabilirsin.

"De" bağlacı cümleden kaldırıldığında anlam fazla bozulmaz. Oysa, isim -de hâlinde iken -de kaldırılırsa cümlenin anlamı tamamen bozulur.

5- Tamlama Ekleri: İki tür tamlama eki vardır. Bunlar,"tamlayan ekleri (-in, -ın, -un, -ün) ve tamlanan ekleri (-i, -ı, -u, -ü) olarak isimlendirilir. İkisi de büyük ünlü uyumuna uyarlar.

Örnek: Ali' + n + in defter + i (-in tamlayan, -i tamlanan eki)
Babam + ın araba + s + ı (-ın tamlayan, -ı tamlanan eki)
Yol + un toz + u (-un tamlayan, -u tamlanan eki)
Ütü + n + ün üst + ü (-ün tamlayan, -ü tamlanan eki)

Yukardaki örneklerde görüldüğü gibi tamlayan **n** kaynaştırma harfini, tamlanan **s** kaynaştırma harfini alır.

6- Eşitlik Eki (-ce): Eşitlik ve benzerlik (gibi, göre) anlamı katar. Ör:Bence, yaşça, ailece...gibi.

7- Fiillere eklenen olumsuzluk eki (-me, -ma): İşin yapılmadığı anlamını verir. Ör: Gelmedi, yapmamış, oturmadı, gitmiyor, yazmıyor... gibi.

8- Eylem (fiil) Çekim Ekleri: Eklendikleri eyleme kişi, zaman, dilek anlamı kazandırırlar. Zaman bildirenlere fiil kipi denir.

Geçmiş zaman eki:	-di, -miş
Şimdiki zaman eki:	-yor, -ıyor
Gelecek zaman eki:	-ecek, acak
Geniş zaman eki:	-r
Gereklilik kipi:	-meli, -malı
İstek kipi:	-e, -a
Dilek-şart kipi:	-se, -sa

Örneğin, "gelmek" fiilini geçmiş zamana göre şahıslarıyla yazalım:

Geldim (1. tekil şahıs)
Geldin (2. tekil şahıs)
Geldi (3. tekil şahıs)
Geldik (1. çoğul şahıs)

Geldiniz (2. çoğul şahıs)
Geldiler (3. çoğul şahıs)

Yukarıda, altı çizili ekler şahıs ekleridir.

Not: Fiil konusunda bu ekleri geniş olarak göreceğiz.

9- Ekeylemler (ekfiiller) (-im, -sin, -dir, -iz, -siniz, -dirler): İsim soylu kelimelere eklenerek onları yüklem haline getirirler. Ör: Hastayım, hastasın, hastadır, hastayız, hastasınız, hastadırlar.

Örnek: Ben öğrenciyim.
Bu öğrenciler çalışkandırlar.
O iyi bir insandır.
Çiçekler güzeldir.

10- "İle" Sözcüğü: Bazen ek durumuna geçer ve ünlü uyumuna uyar. Ör: Dolmuşla, trenle, babasıyla, annesiyle,... Bu örneklerdeki haliyle çekim eki durumundadır.

YAPIM EKLERİ

Eklendikleri sözcüklerin anlamını değiştiren ve böylece onlardan yeni sözcükler türeten eklerdir.

DİLİMİZDE SIKÇA RASTLANAN YAPIM EKLERİ LİSTESİ:

-lik : çiçeklik, ağaçlık, çöplük, yazlık, gelinlik, güzellik, gecelik, tuzluk, uysallık, gençlik...

-ci : avcı, yolcu, öğrenci, ezberci, inatçı, şakacı, Atatürkçü, yenilikçi, kiracı, balıkçı...

-li : köylü, İzmirli, akıllı, Osmanlı, mutlu, başarılı, benekli, renkli, üzüntülü, taşlı, kumlu...

-siz : şekersiz, tuzsuz, neşesiz, dertsiz, ünsüz, telsiz, suratsız, huysuz, görgüsüz, güçsüz...

-ici : alıcı, satıcı, yazıcı, üzücü, kesici, okuyucu, yırtıcı, koşucu, dinleyici, akıcı, görücü, öğren(i)ci...

-le : omuzla(mak), elle(mek), başla(mak), kilitle(mek), sula(mak), suçla(mak), alkışla(mak), incele(mek), ağırla(mak), topla(mak)...

-i : dizi, yapı, dolu, örtü, doğu, ölçü, başarı, anı, yarı, sıkı, gezi, açı...

-miş : susamış (kedi), yanmış (odun), solmuş (çiçek), pişmiş (yemek), dolmuş (taşıt olarak), geçmiş (zaman)...

-me : dolma, yüzme, bölme, görüşme, asma, takma, yarma, bağlama, çivileme, şekerleme, dokuma...

-gi : sevgi, silgi, askı, duygu, baskı, saygı, tutku, çalgı, bilgi, görgü...

-ti : sıkıntı, inilti, cıvıltı, hışırtı, kızartı, kısıntı, üzüntü, gümbürtü, çalkantı...

-len : seslen(mek), güçlen(mek), yaşlan(mak), uslan(mak), öfkelen(mek), nazlan(mak), borçlan(mak)...

-gin : etkin, bilgin, pişkin, dalgın, şaşkın, küskün, kırgın, taşkın, baskın, yorgun, yangın, solgun...

-mece : bilmece, bulmaca, kesmece...

-gen : çalışkan, çekingen, sıkılgan, iletken...

-giç : dalgıç, bilgiç, başlangıç...

-iş : buluş, görüş, kuruluş, davranış, açılış...

-inç : basınç, kazanç, gülünç, korkunç, sevinç...

-e : süre, yara, doğa, yaşa, kapa...

-deş : arkadaş, yurttaş, yöndeş...

-ek : kayak, solak, ürkek, başak...

-ecek : silecek, yakacak, yiyecek, gelecek...

-m : anlam, biçim, yaşam, toplum, bakım...

-el : düzel(mek), çoğal(mak), genel, yönel(mek)...

-il : kurul(mak), süzül(mek), sıkıl(mak), çekil(mek), bozul(mak)...

-sel : kumsal, bilimsel, kişisel, uysal, geleneksel...

-enek : yetenek, gelenek, seçenek, sağanak...

-r : gelir, gider, keser...

-ce : Türkçe, dilekçe, tümce, eğlence, düşünce...

-ele : silkele(mek), eşele(mek), itele(mek), tepele(mek), kovala(mak)...

-ey : yatay, dikey, güney, yüzey, onay, aday...

-(i)t : eşit, taşıt, geçit, karşıt, konut, yaşıt...

-(e)ç : büyüteç, güleç, araç, sayaç, kaldıraç, kıraç...

-ge : bölge, dalga, süpürge, yörünge, sömürge...

-dik : bildik, tanıdık, aramadık (yer), çalmadık (kapı)...

-cik, : bademcik, gelincik...

-de : ışılda(mak), inilde(mek), uğulda(mak), cıvılda(mak)...

-geç : süzgeç, yüzgeç, utangaç, solungaç, kıskaç...

-v : ödev, sınav, söylev, işlev...

-den : toptan, sudan, candan...

-gil : teyzemgil, Hasangil, ablamgil...

-meç : dönemeç, yırtmaç, bulamaç...

-mik : ilmik, ekşimik, tırmık...

-elge : çizelge, genelge...

-ası : adı batası, eli kırılası, kafası kopası...

-cek : oyuncak, yumurcak, yavrucak, salıncak...

-mtrak : ekşimtrak, acımtrak, mavimtrak...

-msi : acımsı, ekşimsi, yeşilimsi...

-(i)n : yazın, kışın, gündüzün, ilkin, tütün...

-mur : yağmur

-dirik : boyunduruk, sevindirik...

-kek : erkek

-şin : sarışın

DİLİMİZDE KULLANILAN DİĞER YAPIM EKLERİ

1- Pekiştirme Ekleri: Sözcüklerin anlamını kuvvetlendirirler.

Örnek: Masmavi, tertemiz, kapkara, sımsıcak...

2- Küçültme Ekleri: Sıfatlara veya isimlere eklenerek onlara küçültme, sevgi, acıma anlamları katarlar.

İsme Eklenenler: (-cik, -ceğiz) Ör: Kedicik, çocukcağız...

Sıfatlara Eklenenler: (-imsi, imtrak, -ce, -cik)
Örnek: Ufacık, güzelce, sarımtrak, mavimsi...

3- "-ken" Eki: Yapım ekidir. Sözcük türetir. Esas hali "iken" şeklindedir.

Örnek: Çalışır+iken = çalışırken, gelmiş+iken = gelmişken, oturur+iken = otururken...

4- **Mastar Eki (-mek, -mak):** Eylem bildiren kök sözcüğe eklenirler ve fiilin isim halini oluştururlar. Örnek: Almak, görmek, gelmek...

5- **"-ki" Eki:** İsimlere veya zaman bildiren sözcüklere eklenerek sıfat türetir. Arkasından gelen isimle birlikte sıfat tamlaması oluştururlar. Örnek: Vazodaki çiçekler, yarınki sınav, tavadaki balık...

Not: -ki eki aynı zamanda ilgi zamiri olarak kullanılır. Belirtili isim tamlamasında, söylenmemiş tamlanan ismin yerine kullanılır. İlgi zamiri -ki eki çekim ekidir.

Örnek:

Benim kalemim kayboldu. Belirtili isim tamlaması	Benimki kayboldu. İlgi zamiri (Kalem yerine kullanılmış.)
Oya'nın elbisesi çok güzel. Belirtili isim tamlaması	Oya'nınki çok güzel. İlgi zamiri (Elbise yerine geçmiş.)
Benim otobüsüm gelmedi. Belirtili isim tamlaması	Seninki gelmiş. İlgi zamiri (Otobüs yerine geçmiş.)

Sıfat türeten -ki ile ilgi zamiri olan -ki eki kelimeye bitişik yazılır.

Bir de sözcük olan "ki" vardır. "Ki" sözcüğü ayrı yazılır ve cümleleri birbirine bağlar; yani bağlaçtır.

Örnek: Anladım ki çalışmıyorsunuz.
Bağlaç

Düşündüm ki ben o işi yapamam.
Bağlaç

Ki sözcüğü bazı sözcüklerin yapısına girmiştir. Bu durumda bitişik yazılır.

Örnek: Belki, sanki, halbuki, mademki, oysaki,...

KÖK VE GÖVDE KAVRAMLARI

Kök: Bir sözcüğün bütün ekleri çıkarıldıktan sonra geriye kalan baştaki anlamlı bölüme kök denir.

Örnek: Say-gı-sız-lık = "Say" sözcük köküdür. Yeni parçalara ayrılamaz.
Balık-çı-lık = "Balık" sözcük köküdür. Bunu "bal" haline getiremeyiz, çünkü bal ile balık arasında anlam ilişkisi yoktur.

Gövde: Yapım ekleriyle türemiş olan sözcükler gövde durumunda sözcüklerdir. Türemiş bir kelime çekim eki de almışsa gövdeyi bulmak için çekim eklerini atarız.

Örnek: Gözlemlerim = "Gözlem" gövdedir.
Şekerlikler = "Şekerlik" gövdedir.
Arabacılardan = "Arabacı" gövdedir.

YAPILARINA GÖRE SÖZCÜK ÇEŞİTLERİ

1- Basit
2- Türemiş
3- Bileşik

BASİT SÖZCÜKLER: Yapım eki almamış sözcüklerdir. Anlamlı olarak daha küçük parçalara bölünemezler. Çekim eki almış olmaları bu sözcüklerin yapılarını etkilemez.

Örnek: Düz, çok, dar, nal, ağaç, deniz, çanta, araba, kelebek, papatya...

TÜREMİŞ SÖZCÜKLER: Aldıkları yapım ekleriyle yeni bir anlam kazanan sözcüklerdir.

Kök + yapım eki = Türemiş Kelime

Kök halindeki sözcük isim, sıfat, fiil, zamir, zarf olabilir.

Örnek: Sucu (isim + yapım eki)
Güzellik (sıfat + yapım eki)
Geliş (fiil + yapım eki)
Benlik (zamir + yapım eki)
Çokluk (zarf + yapım eki)

Bir soruda birçok türemiş kelime verip farklı olan soruluyorsa, türemiş kelimenin köküne bakılır ve hangi tür kökten türemiş olduğu tespit edilir.

Örnek: Geliş - Bakış - Bilgi - Gözcü arasında farklı olan "gözcü" sözcüğüdür, çünkü diğerleri fiilden, "gözcü" ise isimden türemiştir.

Kök ile türemiş sözcük arasında mutlaka anlam ilişkisi bulunmalıdır. Örneğin, "sucuk" kelimesi basit bir kelimedir, çünkü su + cuk olamaz, yani "su" ile "cuk" arasında anlam ilişkisi yoktur.

Türemiş kelime mutlaka bir adet yapım eki ile oluşmak zorunda değildir. Kök kelime birden çok yapım eki alabilir. Türemiş sözcük çekim eki alacaksa, çekim eki yapım ekinden sonra gelir.

Örnek:

"Koş	+	u	+	cu	+	lar"	sözcüğü 2 yapım, 1 çekim eki olmak
Kök		Y.E.		Y.E.		Ç.E.	üzere toplam 3 ek almıştır.

"Gör +	üş +	me +	z +	mi +	y +	di +	niz"	sözcüğü 1 yapım eki, 5 çekim eki almıştır.
Kök	Y.E.	Olumsuzluk eki Ç.E.	kip eki Ç.E.	soru eki Ç.E.	kaynaştırma harfi	kip eki Ç.E.	şahıs eki Ç.E.	

Not: Dilimize yabancı dillerden gelen sözcükler, geldikleri dilde türemiş de olsalar, basit sözcükler sayılmalıdır.
* Faaliyet, televizyon, mesuliyet, fotoğraf...

Ancak, bu tür sözcükler Türkçe yapım ekleri alıp türemişlerse birer türemiş sözcük sayılırlar.
* Televizyoncu, mesuliyetli, fotoğrafçı...

BİLEŞİK SÖZCÜKLER: En az iki sözcüğün tek bir anlam verecek şekilde kaynaşıp birleşmesiyle oluşan sözcüklerdir. Aralarına bir ek veya başka bir sözcük girmez. Tek sözcük gibi görev yaparlar. Bitişik yazılırlar. Yapıları bakımından çoğu kez isim ya da sıfat tamlaması bazen de cümle biçiminde görülürler. (Bunların örneklerini "Bileşik İsimler" konusunda geniş olarak göreceğiz.)

Bileşik sözcükler oluşmaları bakımından üçe ayrılırlar:

1- Anlam Kayması Yoluyla Oluşan Bileşik Sözcükler:

Bu tür bileşik sözcüklerde, sözcüklerden biri ya da ikisi birden temel anlamlarından uzaklaşırlar.

Örnek:	Sigaraböreği	(1. sözcükte anlam kayması olmuş.)
	Anayol	(1. sözcükte anlam kayması olmuş.)
	Serçeparmak	(1. sözcükte anlam kayması olmuş.)
	Denizanası	(2. sözcükte anlam kayması olmuş.)
	Ayakkabı	(2. sözcükte anlam kayması olmuş.)
	Yerelması	(2. sözcükte anlam kayması olmuş.)
	Karafatma	(İkisinde de anlam kayması olmuş.)
	Keçiboynuzu	(İkisinde de anlam kayması olmuş.)
	Hanımeli	(İkisinde de anlam kayması olmuş.)

2- Ses Değişikliği Yoluyla Oluşan Bileşik Sözcükler:

İki sözcüğün, birleşme esnasında bir ses değişikliğine uğramasıyla oluşmuşlardır.

Örnek:	Red+etmek	=	reddetmek	(ses türemesiyle)
	Zan+etmek	=	zannetmek	(ses türemesiyle)
	Al+vermek	=	alıvermek	(ses türemesiyle)
	Yap+bilmek	=	yapabilmek	(ses türemesiyle)
	Yaz+durmak	=	yazadurmak	(ses türemesiyle
	Düş+yazmak	=	düşeyazmak	(ses türemesiyle)
	Kahve+altı	=	kahvaltı	(ses düşmesiyle)
	Ne+için	=	niçin	(ses düşmesiyle)
	Posta+hane	=	postane	(ses düşmesiyle)
	Cuma+ertesi	=	cumartesi	(ses düşmesiyle)
	Hasta+hane	=	hastane	(ses düşmesiyle)
	Seyir+etmek	=	seyretmek	(ses düşmesiyle)
	Sütlü+aş	=	sütlaç	(ses değişmesiyle)
	Güllü+aş	=	güllaç	(ses değişmesiyle)

3- Sözcük Çeşidi Değişmesi Yoluyla Oluşan Bileşik Sözcükler:

Tek başlarına eylem bildiren sözcüklerin (yani fiillerin) birleşerek, varlık adına dönüşmesiyle oluşmuş bileşik sözcüklerdir.

Örnek: Kaptıkaçtı (taşıt), gecekondu (ev)...

<u>Bileşik Sözcüklerle İlgili Önemli Bilgiler:</u>

Bazı yabancı kökenli yer isimlerini bileşik sözcük zannetmemek gerekir. Örneğin, "Ankara" kelimesini An + kara şeklinde parçalayamazsınız. "Anadolu" kelimesi de Ana + dolu değildir; "Anatolia" sözcüğünün değişikliğe uğramasıyla oluşmuştur.

Bileşik sözcükler de yapım eki alarak türeyebilirler.

Örnek: Dediko<u>du</u>cu, yağlıboya<u>cı</u>, özveri<u>li</u>, ayakkabı<u>cı</u>,...

3. BÖLÜM

ANLAMLARINA GÖRE SÖZCÜKLER

SÖZCÜKLERİN GERÇEK VE MECAZ ANLAMLARI

Bir sözcüğün sözlükte yazan anlamına, yani herkes tarafından bilinen anlamına gerçek anlam denir. Bir kelimenin birden çok gerçek anlamı olabilir.

Bir sözcüğün gerçek anlamı dışında cümle içinde kazandığı geçici ve özel anlamına mecaz anlamı denir.

Örnek: "Ben bayat ekmek yemem."
Bayat = Taze olmayan. (Gerçek)
"Bu bayat konulardan artık bıktım."
Bayat = Güncelliğini, önemini yitirmiş. (Mecaz)

"Ormanda tilkiler vardır."
Tilki = Bir hayvan. (Gerçek)
"Sen onun ne tilki olduğunu bilmezsin."
Tilki = Aldatıcı, kurnaz, düzenbaz. (Mecaz)

"Gözüme toz kaçtı."
Göz = Bir organ ismi. (Gerçek)
"Malda, parada gözüm yok."
Göz = İstek, arzu. (Mecaz)

TERİMLER

Bilim, sanat, meslek dalıyla ilgili kavramları anlatmak için kullanılan kelimelerdir.

Örnek: Fiil, cümle, isim, özne... (Dilbilgisi terimleri)
Açı, pi sayısı, artı, eksi... (Matematik terimleri)
Enlem, boylam, körfez, dağ... (Coğrafya terimleri)
Atom, molekül, volt... (Fen Bilgisi terimleri)

Bir sözcüğün gerçek anlamında mı, terim anlamında mı olduğunu anlamak için cümle içindeki kullanımına bakarız.

Örnek: Boğazıma kılçık kaçtı. (Gerçek)
İstanbul Boğazı çok güzeldir. (Coğrafya terimi)

ÇOK ANLAMLI KELİMELER

Dilimizdeki sözcüklerin çoğu, gerçek anlamları dışında, onlardan büsbütün uzaklaşmamış yan anlamlar da kazanmışlardır. Sözcüklerin bu anlam değişikliklerini cümle içindeki kullanılışlarından anlarız.

Örnek: Yoldan geçenlere baktı. (Bakışı bir şey üzerine çevirmek.)
Her yere baktım ama bulamadım. (Aramak.)
Babam tam beş kişiye bakıyor. (Geçimini sağlamak.)
Evimizin penceresi bahçeye bakıyor. (Bir yere doğru olmak.)

DEYİMLER

Kendi anlamlarından başka bir anlamda kaynaşıp kalıplaşan ve en az iki sözcükten oluşan sözcük öbeklerine deyim denir. Deyimler halk sözleridir. Kısa ve özlü sözlerdir. Mecaz anlam taşırlar.

Örnek: Parmağı ağzında kalmak = Çok şaşırmak
Başı darda kalmak = Çok sıkıntılı duruma düşmek
Her işe burnunu sokmak = Kendisini ilgilendirmeyen işe karışmak

Sözcüklerin mecaz anlamlarıyla, deyim anlamlarını karıştırmamalıyız.

Örnek: Kitabını ters tutmuşsun. (Gerçek anlam)
Sen de ne ters çocuksun. (Mecaz anlam - Huysuz)
Onun düşünceleri bana ters düşer. (Deyim anlamı - Ters düşmek = Karşıt olmak)

Görüldüğü gibi deyimler en az iki sözcükten oluşur ve tek sözcük gibi görev yaparlar.

Bu arada atasözü ve özdeyiş (vecize) kavramlarını da öğrenelim.

Atasözü:
Atalarımızın çağlar süren türlü deneylerinden ve türlü gözlemlerinden süzülen düşünceleri, gerçekleri ve öğütleri dile getirdikleri kalıplaşmış kısa ve özlü sözlerdir. Her atasözünün kesin bir biçimi vardır. Az sözle çok şey anlatırlar. Çoğu mecaz anlamlıdır. İnsanlara yol göstermek, öğüt vermek amacıyla söylenmişlerdir.

Örnek: Ayağını yorganına göre uzat.
(Giderlerini gelirine göre ayarla.)
Ağaç yaşken eğilir.
(İyi alışkanlıklar küçük yaşta kazanılır.)
Ağlamayan çocuğa meme vermezler.
(Sorunlarını anlat ve hakkını ara.)
Dikensiz gül olmaz.
(Her güzel şeyin bir kusuru vardır.)

Özdeyiş (Vecize):
Birçok yönden atasözüne benzerler. Onlar dâ derin bir düşünceyi kısa bir biçimde anlatırlar. Fakat, atasözlerinden farklı olarak, atasözlerinde söyleyenin kim olduğu bilinmediği halde, özdeyişlerde, söyleyenler belli kişilerdir. Bunlar bilge kişiler, bilginler, sanatçılar veya devlet adamları olabilir.

Örnek: "Hayatta en hakiki mürşit ilimdir." (Atatürk)
"Düşünmeden öğrenme, boşa giden bir çabadır." (Konfüçyus)

İKİLEMELER

Anlamı güçlendirmek, pekiştirmek amacıyla aynı kelimenin veya yakın ya da karşıt anlamlı kelimelerin, ses benzerliği olan kelimelerin arka arkaya kullanılmasıyla oluşan söz öbeklerine ikileme denir.

İkilemeler ayrı yazılır ve aralarına noktalama işareti konmaz.

Kullanıldığı yere göre ikilemeler sıfat, isim ve zarf görevinde olabilirler.

Örnek: Dilim dilim ekmekler vardı. (Sıfat görevinde)
Akıllı uslu çocukları severim. (Sıfat görevinde)
Babam er geç gelecek. (Zarf görevinde)
Sokaklar çör çöp olmuş. (İsim görevinde)

EŞANLAMLI (ANLAMDAŞ) KELİMELER

Yazılışları farklı, anlamları aynı olan kelimelere anlamdaş kelimeler denir.

Örnek: Kelime = Sözcük
Yiğit = Mert
Mesafe = Uzaklık
Darılmak = Küsmek = Gücenmek
Bıkmak = Bezmek = Usanmak
Süslemek = Bezemek
Saadet = Mutluluk

KARŞIT ANLAMLI KELİMELER

Anlamları birbirinin tam tersi olan sözcüklere zıt anlamlı sözcükler denir.

Örnek: Tatlı X Acı
Uzun X Kısa
Genç X Yaşlı
Kuru X Yaş
Yumuşak X Sert

Kelimelerin zıt anlamlısını bulurken cümle içinde gerçek anlamda mı, mecaz anlamda mı önce onu tespit edip daha sonra karşıtını bulmalıyız.

Örnek: "Kardeşin ne kadar tatlı," cümlesinde "tatlı" sözcüğü, sevimli anlamında kullanılmıştır. Dolayısıyla, buradaki "tatlı" sözcüğünün karşıtı "acı" değil "sevimsiz" sözcüğü olmalıdır.

EŞSESLİ (SESTEŞ) KELİMELER

Yazılışları ve okunuşları aynı fakat anlamları farklı olan sözcüklerdir.

Örnek: Çaya balık tutmaya gitmiştik.
Çaya iki şeker attım.

Annem kır saçlıdır.
Bahar gelince kırlar şenlenir.
Çocuklar camı kırdı.

Bu sözcüklerin hangi anlamda kullanıldıklarını anlamak için cümlenin tamamına bakmamız gerekir.

YANSIMA SÖZCÜKLERİ

Yansıma sözcükleri, canlı ya da cansız varlıkların çıkardıkları seslerin taklit edilmesiyle elde edilmişlerdir.

Örnek: Miyav, hav hav, cız, buv,
düt, pat, çat, fokur, çıtır,
vız, gür, şır, güm, hor...

Yansıma sözcükleri, yapım eki alarak isim haline dönüşebilirler.

Örnek: Gür + ültü = Gürültü
Vız + ıltı = Vızıltı
Pat + ırtı = Patırtı

Yansıma sözcükleri, ikileme şeklinde kullanılabilirler.

Örnek: Şırıl şırıl, gürül gürül, fokur fokur,
çıtır çıtır, pat çat...

İşin nasıl yapıldığını bildiren sözcükler halinde (zarf olarak) kullanılabilirler.

Örnek: Odunlar <u>çıtırdayarak</u> yanıyordu.
Arı <u>vızıldayarak</u> geçti.

4. BÖLÜM

YAZIM KURALLARI

Yazım (imla), bir dilin belirlenmiş kurallarla yazıya geçirilmesidir. Belirlenmiş bu kurallara da yazım kuralları denir. Bir kelimenin doğru yazılışını istiyorsak yazım (imla) kılavuzundan faydalanabiliriz. Şimdi dilimizdeki yazım kurallarını inceleyelim.

BÜYÜK HARFLERİN KULLANILDIĞI YERLER

1-) Cümlelerin ilk sözcüğü büyük harfle başlar. Nokta, iki nokta, üç nokta, ünlem, soru işaretlerinden sonra gelen cümlelerin de ilk harfi büyük olur.

Örnek: Ne kadar güzel! Nereden aldın? Çok yakışmış.

Cümle yalnızca bir ek, bir harf, bir işaret ya da rakamla başlıyorsa, cümlenin ilk harfi büyük olmaz.

Örnek: "-de" eki bağlaç halindeyse ayrı yazılır.
"a" ünlüsü kalın, düz ve geniş bir sestir.
1958 yılı, benim doğum yılımdır.

2-) Manzum yazılarda (şiir gibi), mısra (dize) başları büyük harfle başlar.

Örnek: Akması tel tel ince saç
Düştüğü yerde üç kulaç
Mavi su, ak köpüklü su
M. S. SÜTÜVEN

3-) Mektuplarda, hitapların her kelimesi büyük harfle başlar.

Örnek: Sayın Müyesser Gediz,
Canım Kardeşim,
Sevgili Arkadaşım,...

4-) Zarfların üzerine adres yazarken tüm sözcükler büyük harfle başlar.

Örnek: Sayın Müyesser Gediz
Akşemsettin Caddesi, Zembilci Sokak
No: 12/2 Fatih/İSTANBUL

5-) Belli bir tarihi gösteren ay ve gün adlarının ilk harfleri büyük yazılır.

Örnek: Atatürk, 10 Kasım 1938 Perşembe günü, İstanbul'da öldü.

Belli tarih belirtmeyen gün ve ay isimleri ise, yanlarında rakam yoksa, küçük harfle yazılır.

Örnek: Tatile haziran ayında çıkacağız.
Gelecek perşembe gideriz.

6-) Saygı duyulan birinden bahsederken ona ait kişi zamiri büyük harfle yazılır.

Örnek: Atatürk öldü ama O'nu her zaman kalbimizde taşıyoruz.

7-) Kısaltmalarda büyük harf kullanılır.

Örnek: TBMM (Türkiye Büyük Millet Meclisi)
TRT (Türkiye Radyo Televizyon),
Dr. (Doktor)

8-) Bütün özel isimler büyük harfle başlar.

Özel isim çeşitlerini ve yazılışlarını inceleyelim:

a) Kişilerin isim ve soyadları büyük harfle başlar.

Örnek: Şerif Meriç, Cihan Kütük...

Özel isimlerden önce veya sonra gelen unvan, meslek isimleri ve takma adlar da büyük harfle başlar.

Örnek: Meraklı Melâhat, Eczacı Mehmet Bey, Fatih Sultan Mehmet...

b) Hayvanlara verilen özel adlar büyük harfle başlar.

Örnek: Pamuk, Karabaş, Düldül...

c) Ulus, ülke, devlet, dil, din adları büyük harfle başlar.

Örnek: - Türkler, Fransız, Arap, Japon...
- İtalya, İngiltere, Türkiye...
- Türkçe, Almanca, İngilizce, Arapça...
- Müslümanlık, Hristiyanlık, Musevilik...

d) Sokak, cadde, semt, köy, kasaba, kent adları büyük harfle başlar.

Örnek: Merter, Ankara, Köyceğiz, Gebze, Üsküdar...

e) Coğrafyada geçen kıta, bölge, dağ, ova, deniz, akarsu, orman... adları büyük harfle başlar.

Örnek: Avrupa, Anadolu, Karadeniz Bölgesi, Ağrı Dağı, Tuz Gölü, Toroslar...

f) Kurum ve kuruluş adlarını oluşturan her sözcük büyük harfle başlar.

Örnek: Boğaziçi Üniversitesi, Fono Yayınları, Türk Dil Kurumu, Anayasa Mahkemesi...

Kurum adlarının sonlarına gelen ekler ayrılmaz. Örnek: "Özel Fono İlköğretim Okuluna gidiyorum."

g) Tarihsel yapılar, kalıntılar ve bayındırlık eserlerinin her sözcüğü büyük harfle başlar.

Örnek: Atatürk Barajı, Fatih Sultan Mehmet Köprüsü, Sultanahmet Camii, Yivli Minare...

h) Özel isimlerden türetilmiş sözcükler büyük harfle başlar.

Örnek: Ankaralı, Atatürkçülük, Selçuklular...

Bu örneklerde görüldüğü gibi özel isimlere eklenen yapım ekleri bitişik yazılır. Özel isimlere eklenen çekim ekleri ise kesme işareti ile ayrılır ve ayrı yazılır. Ör: Atatürk'ü, İstanbul'da, Ankara'yı, Mehmet'le, Cem'i...

"-ler" çekim ekidir ama bitişik yazılır. Ör: Şimalar, Namıklar, Okaylar...

ı) Kitap, gazete, dergi, konu başlıklarının her sözcüğü büyük harfle yazılır.

Örnek: Kül Kedisi, Vakvak Kardeş, Milliyet Gazetesi...

i) Gezegen, yıldız, galaksi adları büyük harfle başlar.

Örnek: Satürn, Mars, Venüs, Büyükayı, Samanyolu...

Dünya, Güneş, Ay, Yeryüzü sözcükleri bilimsel yazılarda yani uzaydan, coğrafyadan söz ederken büyük harfle başlar.

Örnek: "Ay, Dünya'nın uydusudur."
"Dünya, Güneş'in etrafında döner."

Günlük olaylardan söz ederken veya bu isimleri mecaz anlamda kullanırken küçük harfle başlarız.

Örnek: "Sabah güneşi odama giriyor."
"Bu gece ay ne güzel!"
"O olaydan sonra dünyam karardı."
"Sen benim güneşimsin."

SAYILARIN YAZIMI

Sayılar sanat, edebiyat konularında geçiyorsa yazıyla yazılır ve ayrı yazılır.

Örnek: Atatürk elli yedi yaşında ölmüştür.
İlkokula girdiğinin dördüncü senesindedir.
Sınıfımızda on sekiz kız vardır.

Sayılar senet, çek, bono gibi parayla ilgili belgelerde bitişik yazılır.

Örnek: Bu çek karşılığında onmilyonsekizyüzbinlira ödeyiniz.

Belirsiz anlam veren sayı ikilemeleri yazıyla yazılır; ayrı yazılır ve araya hiçbir işaret konmaz.

Örnek: Seyahate gitmemize üç beş gün kaldı.
Öğrenciler beşer altışar toplandılar.

Matematikteki sayılar, ölçü, saat, yıl, ay, gün bildiren sayılar rakamlarla yazılırlar.

Örnek: 1, 3, 5, 7, 9... sayıları, tek sayılardır.
Evden 19.30'da çıktım.
Atatürk, 10.11.1938'de aramızdan ayrıldı.
Perde için 20 metre kumaş gerekli.
İşyerimiz 13-15 arası kapalıdır.

Rakamlarla yazılan sayılardan sonra gelen ekler, kesme işareti (') ile ayrılırlar.

Sıra bildiren sayılar sayıyla da, rakamla da yazılabilir.

Örnek: Beşinci, üçüncü...

Rakamla yazılıyorsa ek almaz, rakamın yanına (.) konur.

Örnek: 5. yıl, 6. kişi, 15. ders...

"İLE" SÖZCÜĞÜNÜN YAZIMI

"İle" sözcüğü ayrı da, bitişik de yazılabilir.

Örnek: Şima <u>ile</u> Şerif kardeştir.
Defter<u>le</u> kalem getirdin mi? ("i" ünlüsü düşmüş)
Kemal'<u>le</u> birlikte gidin. ("i" ünlüsü düşmüş)

Görüldüğü gibi özel isimlere eklenirken kesme işaretiyle ayrılır. Sesli harfle biten bir sözcüğe eklenirken -yle veya -yla halini alır. "y" harfini kaynaştırma harfi olarak kabul edebiliriz.

Örnek: Baba<u>yla</u> oğul çarşıya gitti.
İyi<u>yle</u> kötüyü ayırın.

"İle" sözcüğü ek halinde yazılırken büyük ünlü uyumuna uyar. Sadece yabancı kaynaklı bazı sözcüklere eklenirken sözcüğün son ünlüsüne uymaz.

Örnek: Kemal'le, Zühal'le...

"Kİ" BAĞLACI VE "-Kİ" EKİNİN YAZIMI

Bağlaç olarak kullanılan "ki" anlamca ilgili cümleleri birbirine bağlar ve ayrı yazılır. Cümleden çıkarıldığında anlam fazla bozulmaz.

Örnek: O kadar çalıştım ki çok yoruldum.
Manzara öyle güzeldi ki bakmaya doyamadım.

Ek olarak kullanılan "-ki" ise bitişik yazılır. Bu durumda, belirtme sıfatı ya da ilgi zamiri oluşturur.

Örnek: Çarşıdaki çocuk mısır satıyordu.
Belirtme sıfatı
Sıfat tamlaması

Yarınki toplantımız iptal edildi.
Belirtme sıfatı
Sıfat tamlaması

Benim kalemim güzel, onunki çirkin.
İlgi zamiri

Benim arabam bozuk, seninkini alayım.
İlgi zamiri

"-ki" eki büyük ünlü uyumuna uymaz.

"DE" BAĞLACI VE "-DE" EKİNİN YAZIMI

"De" bağlacı bir sözcüktür ve ayrı yazılır. Ünsüzlerin benzeşmesi kuralına uymaz, yani sertleşmeye uğramaz. Ünlü uyumuna uyar.

Örnek: Gösterilere diğer okullar da katıldı.
O kadar baktık da göremedik.

"De" bağlacı cümleden çıkarıldığında anlam fazla bozulmaz.

"-de" eki, ismin -de halidir. Kelimeye bitişik yazılır. Özel isimlerden kesme işaretiyle ayrılır. Ünsüzlerin benzeşmesi kuralına uyar, yani sertleşmeye uğrar. Ünlü uyumuna uyar.

Örnek: Evde çalışmayı severim.
Ayakta durmaktan yoruldum.
Kahramanmaraş'ta hava çok sıcakmış.

"Mİ" EDATININ YAZIMI

"Mi" edatı ayrı yazılır ve ünlü uyumuna uyar. Kendinden sonra gelen eklerle bitişir. Cümle içinde çeşitli görevler alabilir:

a) Soru cümlesi kurmaya yarar.

Örnek: Annem gitti mi?
Kitabımı görmüş müydün?
Hava sıcaktı, değil mi?
Sen de gidecek misin?

b) İkilemeler arasına girip pekiştirme yapar.

Örnek: Hava sıcak mı sıcak.
Şirin mi şirin bir çocuk gördüm.
Çalışkan mı çalışkan öğrencilerim var.

İkileme arasına girmeden de cümleye aşırılık anlamı katabilir.

Örnek: Bana bunu da mı yapacaktın! Bu dă mı gelecekti başıma!

c) Zaman anlamı veren bağlaç durumunda kullanılır. "-diği zaman" anlamını verir.

Örnek: Yaz geldi mi denize gireriz.
Onu gördüm mü yolumu değiştiririm.
Top oynadı mı hemen terler.

Yukarıda ayrı yazılan "mi" edatlarını gördük. Bunları bitişik yazılan "-mi" ekleriyle karıştırmayalım. Örneğin, olumsuzluk ekleri "-me, -ma" ses daralmasına uğrayıp, yani dar ünlü haline dönüşüp -mi, -mü, -mı, -mu halini alabilir.

Örnek:	Gelmeyorum - Gelmiyorum		Buradaki -mi, -mu,
	Okumayorum - Okumuyorum		-mü ekleri, olum-
	Gülmeyorum - Gülmüyorum		suzluk ekleridir.

Ayrıca, -m iyelik eki, -i hal ekiyle yan yana gelip, -mi, -mü, -mu, -mı halini alabilir ve bitişik yazılır. Bu iyelik ekleri "mi" edatıyla karıştırılmamalıdır.

Örnek: Ellerimi yıkadım.
Yüzümü kapadım.
Dişlerimi fırçaladım.
Kitabımı yırttı.

"İDİ," "İMİŞ," "İSE" EKFİİLERİNİN YAZIMI

Bunlar birer kelimedir. Bitişik veya ayrı yazılabilirler. Ayrı yazıldıklarında değişime uğramazlar. Eğer kişi veya soru eki varsa, kendilerine eklenir.

Örnek:	Yorgun idi	=	Yorgundu
	Dargın ise	=	Dargınsa
	Çalışkan ise	=	Çalışkansa
	Başarılı mı idin	=	Başarılı mıydın

Ünlü ile biten kelimelere bitişik yazıldıklarında, başlarındaki i, y'ye dönüşür ve ünlü uyumuna uyarlar.

Örnek:	Sildi idi	=	Sildiydi
	Doldu ise	=	Dolduysa
	Mavi imiş	=	Maviymiş

Ünsüzle biten kelimelere bitişik yazıldıklarında, başlarındaki i düşer, ünlü uyumuna ve ünsüzlerin benzeşmesi kuralına uyarlar.

Örnek:	Yüksek idi	=	Yüksekti
	Patlak ise	=	Patlaksa
	Yarım imiş	=	Yarımmış

Ekfiilin geniş zamanı (-dir, -sin, -im...) daima kelimeye bitişik yazılır; ünlü uyumuna ve ünsüz benzeşmesine uyar. Eklendiği kelime ünlü ile bitiyorsa ve ekfiil ünlü ile başlıyorsa, kelimeyle ekfiil arasına y kaynaştırma harfi girer.

Örnek: güzeldir, kopuktur, kırıktır, akıllısın, delisin, geriyim (y kaynaştırma harfi almış), hastayım (y kaynaştırma harfi almış)...

"İKEN (-KEN)" EKFİİLİNİN YAZIMI

"İken" bir kelimedir. Bitişik veya ayrı yazılabilir. Bitişik yazılışı daha yaygındır. Ayrı yazıldığında değişime uğramaz.

Örnek: farksız iken, ıslak iken, taze iken...

Ünlü ile biten kelimelere bitişik yazıldığında, baştaki i, y'ye dönüşür, ünlü uyumuna uymaz.

Örnek: yeniyken, tatlıyken, sarıyken, doluyken...

Ünsüzle biten kelimelere bitişik yazıldığında, baştaki i düşer; ünlü uyumuna uymaz.

Örnek: yanıkken, koşarken, yaşken, gitmişken...

KISALTMALAR

Yer kazanmak, çabuk ve kısa anlatmak amacıyla; bazı kuruluş, yer, kişi adlarıyla, kavram ve terimlerin bir veya birkaç harfle yazılmış haline kısaltma denir.

Kısaltmaların çoğunluğunda, kısaltma harf veya harflerinden sonra nokta konur.

Örnek: İng. (İngilizce), Dr. (Doktor), dilb. (dilbilim), ast. (astronomi), c. (cilt), s. (sayfa)...

Ölçü, para ve yön adları ile terimlerde, bilim alanındaki özel kısaltmalarda nokta kullanılmaz.

Örnek: km (kilometre), g (gram), cm (santimetre), H (hidrojen), TL (Türk Lirası), q (kental)...

Kurum ve kuruluş adlarının kısaltması, her kelimenin ilk harfi büyük olarak ve nokta kullanılmadan yazılır. Bu tür kısaltmaların çekim ekleri, son harfin okunuşuna ve uyum kurallarına göre biçimlenerek, kesme (') işaretinden sonra yazılır.

Örnek: TBMM (Türkiye Büyük Millet Meclisi, TBMM'ye) AET (Avrupa Ekonomik Topluluğu, AET'de), DPT (Devlet Planlama Teşkilatı, DPT'nin), BJK (Beşiktaş Jimnastik Kulübü, BJK'yi)...

Özel nitelikli kısaltmalarda kural aranmaz.

Örnek: Av. (Avukat), Cad. (cadde), Onb. (Onbaşı), Yd.Sb. (Yedek Subay)...

5. BÖLÜM

NOKTALAMA İŞARETLERİ

Yazıda okumayı, anlamayı kolaylaştırmak için kullanılan işaretlere noktalama işaretleri denir.

Türkçe'de kullanılan noktalama işaretleri şunlardır:

NOKTA (.)

1- Bitmiş cümlelerin sonuna konur.

Örnek: Derslerimi çalışmalıyım.
Yarın gezmeye gideceğiz.

2- Bazı kısaltmalardan sonra nokta konur.

Örnek: Dr. (Doktor), Prof. (Profesör), Müh. (Mühendis), vb. (ve benzerleri), bkz. (bakınız), c. (cilt)...

3- Sıra bildiren sayılardan sonra nokta konur.

Örnek: 4. (dördüncü) sınıf, 20. (yirminci) yüzyıl, II. (ikinci) Selim, 3. (üçüncü) çocuk...

4- Belli bir günü bildiren tarihlerde gün, ay, yıl sayıları arasına nokta konur.

Örnek: 5.7.1993, 16.8.1992, 3.IV.1991...

5- Saati bildiren sayılarda zaman birimlerinin arasına nokta konur.

Örnek: 13.30, 15.46.13
sa. dk. sa. d. sn.

6- Sayı bölükleri arasına nokta konur.

Örnek: 268.360 10.368.210
binler birler mil. bin. birler
bölüğü bölüğü böl. böl. bölüğü

VİRGÜL (,)

1- Cümlede eş görevli sözcükler arasına virgül konur.

Örnek: Didem'i, Kaan'ı, Mısra'yı öğretmen çağırdı.
(İsimler arasına konmuş.)
En çok siyah, beyaz, kırmızı renkleri severim.
(Sıfatlar arasına konmuş.)
Yazı masasını, televizyon sehpasını taşıdık.
(İsim tamlamaları arasına konmuş.)
Öğrenciler oynuyor, zıplıyor, koşuyorlardı.
(Fiiller arasına konmuş.)
Ben, sen, o, hepimiz çok yorulduk.
(Zamirler arasına konmuş.)

2- Sıra cümleleri arasına virgül konur.

Örnek: Caddeye geldi, etrafına baktı, hızla karşıya geçti.
Sabah uyandım, yüzümü yıkadım, kahvaltımı yaptım, okula gittim.

3- Uzun cümlelerde özneden sonra virgül konur.

Örnek: Ali, istediği oyuncağı alamadı ve ağlamaya başladı.
Dürüstlük, her türlü sıkıntıya ve zorluğa rağmen prensiplerini bozmamaktır.

4- Mektup ve konuşmalarda hitap sözlerinden sonra virgül konur.

Örnek: Canım Anneciğim,
Sevgili Arkadaşım, ...

5- Tırnak işareti içine alınmamış aktarma cümlelerden sonra kullanılır.

Örnek: Beni izleyin, dedi.

6- Bir düşüncede fikrini bildirmek için kullanılan evet, hayır, yok gibi kelimelerden sonra virgül konur.

Örnek: Hayır, bu düşünceye karşıyım.
Evet, düşüncenize ben de katılıyorum.

7- Anlam belirsizliklerini düzeltmek için virgül kullanılır.

Örnek: "Öğretmen Namık Kemal'e saygı duyardı" cümlesine virgülle çeşitli anlamlar katabiliriz:
Öğretmen, Namık Kemal'e saygı duyardı.
Öğretmen Namık, Kemal'e saygı duyardı.
Öğretmen Namık Kemal'e, saygı duyardı.

8- Ondalık sayıları yazarken virgül kullanılır.

Örnek: 15,8 (on beş tam onda sekiz),
24,03 (yirmi dört tam yüzde üç)...

NOKTALI VİRGÜL (;)

1- Anlamca birbirine bağlı ancak kendi içinde bağımsız cümleler arasına noktalı virgül konur.

Örnek: Boş sözlerle iş ilerlemez; işe girişmek gerek.
Söz var, iş bitirir; söz var baş yitirir.

2- İçinde virgül olan değişik kümeleri ayırmak için noktalı virgül konur.

Örnek: Yurdumuzda buğday, arpa, yulaf, çavdar gibi tahıllarla; koyun, keçi, sığır gibi hayvanlar çok yetişir.

3- Birbirlerine fakat, ama, çünkü gibi bağlaçlarla bağlanan cümlelerde bağlaçtan önce noktalı virgül konur.

Örnek: Çok çalışkan değilim; ama düzenli çalışırım.
Yanına gelemedim; çünkü bulunduğum yer çok uzaktı.

İKİ NOKTA (:)

1- Açıklanacak bir sözden veya cümleden sonra iki nokta konur.

Örnek: Karadeniz: Yurdumuzun kuzeyinde bulunan bir iç denizdir.

Açıklamada tek tek örnekler verilecekse büyük harfle başlamak gerekmez.

Örnek: Soyut isimler elle tutulmaz, gözle görülmez: sevinç, keder, gurur...

2- Başkasından aktarılan ve tırnak içine alınan sözden önce iki nokta konur.

Örnek: Öğretmenimiz: "Tatilde dinlenin; ama ödevlerinizi de bitirin" dedi.

3- Karşılıklı konuşmaların geçeceği yazılarda konuşma çizgisinden önce konur.

Örnek: Hava birden karardı. Ayşe:
- Akşam mı oluyor, yoksa yağmur mu yağacak?
- Bence yağmur yağacak.
- Evet, haklısın.

ÜÇ NOKTA (...)

1- Birtakım örnekler, bölümler sayıldıktan sonra "ve benzerleri" anlamında kullanılır.

Örnek: Kişi adları özel isimlerdir: Kaan, Erdem, Okay...

2- Henüz bitmemiş cümlelerin sonuna üç nokta konur.

Örnek: Manzara öyle güzel ki... Önümde masmavi bir deniz...

3- Yazıda söylenmeyen veya söylenmek istenmeyen sözcüklerin yerine üç nokta konur.

Örnek: Dün çıkan olaylarda M... yaralandı.
Teyzem ... köyünde oturuyor.

4- Bir yazıdan bölüm alınmışsa atlatılan yerleri belirtmek için üç nokta konur.

Örnek: "Atatürk ... Türk istikbâli gençlerindir" demiştir.

5- Karşılıklı konuşmalarda susan, konuşmayan kişiyi belirtmek için üç nokta konur.

Örnek:
- Bir derdin mi var?
- ...
- Söylemezsen çaresini bulamayız.
- ...

SIRA NOKTALAR (.........)

Aradan zaman geçtiğini düşündürmek, yazılmayan cümlelerin yorumunu okuyucuya bırakmak, yazıda söylenmeden geçilen satırları belirtmek için sıra noktalar kullanılır.

Örnek: Sevgili Kemal,

Mektubu sana Ankara'dan yazıyorum.
....

Bir haftaya kadar görüşürüz.
Arkadaşın Önder

SORU İŞARETİ (?)

1- Soru bildiren cümlelerin sonuna konur.

Örnek: Yarın geleyim mi?
Kitabı istiyor musun?
Bu senin değil mi?

2- Verilen bir bilginin kesin olmadığını anlatmak istiyorsak soru işaretini parantez içinde kullanırız.

Örnek: Yunus Emre'nin 13. yüzyılda (?) yaşadığı söylenir.

ÜNLEM İŞARETİ (!)

Üzüntü, sevinç, şaşkınlık, öfke gibi duygularımızı daha coşkulu şekilde söylememizle oluşan ünlem kelimeleri veya cümlelerinden sonra ünlem işareti konur.

Örnek: İmdat!
Defol karşımdan!
Aman, bu ne güzellik!
Ay, ne şirin şey!
Off!
Ey Türk gençliği!

Ünlem işaretini parantez içinde kullanırsak küçümseme, alay gibi duygular belirtiriz.

Örnek: Benim oğlum çok usludur (!) her sözümü (!) dinler.

KISA ÇİZGİ (-)

1- Satır sonuna sığmayan sözcükleri hecelere bölerken kısa çizgi kullanılır.

Örnek: Araba kullanırken dik-
katli olmalıyız.

2- Bir cümlede ayrıntı olarak yazılmış açıklamaların başına ve sonuna kısa çizgi konur.

Örnek: Bir gün - kısmet olursa - Antalya'ya gitmek isterim.
Yüzü birden - sevinçten mi, utanmaktan mı - kıpkırmızı oldu.

3- Bir olayın, bir durumun başlangıcını ve sonucunu belirten tarihler, saatler veya diğer sözcükler arasında da kısa çizgi kullanılır.

Örnek: Dükkânımız 8.30 - 18.30 arasında açıktır.
Birinci Dünya Savaşı 1914 - 1918 tarihleri arasında olmuştur.
İstanbul - Antalya arasını dokuz saatte gittik.

4- Birbiriyle ilişkili sözcükler arasında kısa çizgi kullanılır.

Örnek: Türk - Fransız ilişkileri Kanuni Sultan Süleyman zamanı başlamıştır.
Türkçe - Almanca sözlüğe ihtiyacım var.

5- Dilbilgisinde ekleri veya kökleri belirtmek için kısa çizgi kullanılır.

Örnek: -ler, -lar çoğul ekleridir.

Oku -	l -	um
kök	yapım eki	çekim eki

UZUN ÇİZGİ (–)

Karşılıklı konuşmalar geçen yazılarda uzun çizgi kullanılır.

Örnek:
– Orada mısın Ahmet Usta?
– Evet.
– Yanına geliyorum.
– Tamam.

TIRNAK İŞARETİ (" ")

1- Başkasından alınan sözleri veya cümleleri yazıda belirtmek istiyorsak tırnak işareti içinde yazarız.

Örnek: Annem: "Çabuk gel" dedi.
Atatürk, "Hayatta en hakiki mürşit ilimdir" demiştir.

2- Yazıda bir kelimenin önemini belirtmek için tırnak işareti içinde yazarız.

Örnek: Yazılışları aynı, anlamları farklı sözcüklere "sesteş" denir.

3- Üst satırda yer alan bir sözcük, alt satırda yeniden yazılacaksa yeniden yazmayıp yerine tek bir tırnak işareti konur. Bu tek tırnak işaretine "*den den işareti*" denir.

Örnek: Yapım ekleri
Çekim " ("Ekleri" sözcüğü yerine den den konmuş.)
İsim tamlaması
Sıfat " ("Tamlaması" sözcüğü yerine den den konmuş.)

PARANTEZ (AYRAÇ) ( )

1- Bir cümle veya sözcükle ilgili yapılan açıklamaların başına ve sonuna parantez konur.

Örnek: Anlamları aynı olan sözcüklere anlamdaş (eşanlamlı) sözcükler denir.
Atatürk (1881-1938) büyük bir devlet adamıdır.

2- Tiyatro eserlerinde (piyeslerde) oyuncuların tavırları parantez içinde yazılır.

Örnek: KARAGÖZ - (Parmağını göstererek) Bu kanı nasıl durdururum?
HACİVAT - (Telaşlanır) Aman efendim, doktor bulalım. (Birlikte giderler.)

3- Bir konuyla ilgili sıralamalarda rakamların veya harflerin sonuna "kapama parantezi" konur.

Örnek: 1) Çekim ekleri
2) Yapım ekleri

a) Belirtili isim tamlaması
b) Takısız isim tamlaması
c) Belirtisiz isim tamlaması
d) Zincirleme isim tamlaması

KESME İŞARETİ (')

1- Özel isimlere getirilen eklerin ayrılmasında kullanılır.

Örnek: Ahmet'i, Antalya'nın, Çanakkale Boğazı'nda...

2- Sayılarla ekleri ayırmak için kullanılır.

Örnek: 1993'te, 20'nci, 6'dan, 19'a...

3- Kısaltmalardan sonra gelen ekleri ayırmak için kullanılır.

Örnek: AET'ye, TBMM'ye, BM'den...

4- Bir harf ya da ekten sonra gelen ekleri ayırmak için kullanılır.

Örnek: A'dan, -de'ye, -i'nin...

5- Biçimleri benzer olan kelimelerin arasında doğabilecek karışıklığı önlemek için kullanılır.

Örnek: Sorun'un ne olduğunu açıklayalım.

6- Kelimelerde aslında var olduğu halde kullanılmayan veya kaybolan sesleri göstermede kullanılır.

Örnek: N'oldu (ne oldu) sana bilemiyorum.

DÜZELTME (İNCELTME) İŞARETİ (^)

Türkçe kelimelerde inceltme işareti bulunmaz.

1- Yabancı kökenli bazı sözcüklerde uzunluk, incelik ya da ikisini birden belirtmek için k, g, l harflerinden sonra gelen a ve u harfleri üzerine konur.

Örnek: rüzgâr, dükkân, sükûnet, âlâ, yekûn...

2- Yazım olarak aynı, okunuş ve anlam olarak farklı olan sözcüklerin karışmasını önlemek için kullanılır.

Örnek: adet-âdet, kar-kâr, hala-hâlâ...

3- Bazı kişi ve yer adları alışılagelmiş biçimiyle inceltme işaretiyle kullanılır.

Örnek: Kâmuran, Kâmil, Nâzım, Lâpseki...

6. BÖLÜM

İSİM (AD)

Canlı ve cansız varlıkların, kavramların, duyguların dilimizdeki karşılığı olan sözcüklere isim (ad) denir. İsimler türlü özelliklerine göre incelenir.

İSİM

Anlamlarına Göre İsimler

1- Varlıkların Oluşlarına Göre:
- A- Somut İsimler
- B- Soyut İsimler

2- Varlıklara Verilişine Göre:
- A- Cins İsimler
- B- Özel İsimler

3- Varlıkların Sayılarına Göre:
- A- Tekil İsimler
- B- Çoğul İsimler
- C- Topluluk İsimleri

Yapılarına Göre İsimler

1- Basit İsimler
2- Türemiş İsimler
3- Bileşik İsimler

ANLAMLARINA GÖRE İSİMLER

1- VARLIKLARIN OLUŞLARINA GÖRE

A- Somut İsim (Madde İsmi):

Uzayda bir yer kaplayan; varlığını duyu organlarımızla tespit edebildiğimiz, yani dokunduğumuz, kokladığımız, tattığımız, duyduğumuz, gördüğümüz varlıkların adlarına somut isim denir.

Örnek: bahçe, kuş, insan, ağaç, su, atom, hava, koku, hücre, yıldız...

B- Soyut İsim (Mânâ İsmi):

Varlığını akıl, düşünce, tasarı yoluyla kabul ettiğimiz duygusal durumlara verilen isimlere soyut isim denir.

Örnek: Tanrı, zekâ, başarı, mutluluk, sevinç, özlem, melek, cebrail, elem, erdem, şeytan, ahlâk, sevgi...

2- VARLIKLARA VERİLİŞLERİNE GÖRE

A- Özel İsim:

Dünya'da tek olan, başka bir eşi bulunmayan varlıklara verilen isimlerdir. Büyük harfle yazılırlar.

Örnek:

- İnsan İsimleri: Harun, Yasemin, Mehmet...
- Soyadlar: Meriç, Polatkan, İnönü...
- Hayvan Adları: Ponpon, Minnoş, Tekir, Karabaş...
- Yer Adları: İstanbul, Ankara, Merter, Ataköy...
- Ulus Adları: Türk, Alman, İngiliz, Fransız...
- Devlet ve Ülke Adları: Türkiye, Japonya, Romanya...
- Dil ve Din Adları: Türkçe, İngilizce, Müslümanlık, Musevilik, Hristiyanlık...
- Kurum ve Kuruluş Adları: İstanbul Üniversitesi, Alman Lisesi, Fono İlköğretim Okulu...
- Yapı, Kitap ve benzeri Yapıtların Adları: Topkapı Müzesi, Bodrum Kalesi, Pamuk Prenses...
- Coğrafya Terimlerinin Adları: Marmara Bölgesi, Toros Dağları, İstanbul Boğazı, Sakarya Nehri...

B- Cins İsim:

Aynı cinsten olan varlıkların tümünün ya da bireylerinin ortak adıdır. Birden fazla olan varlıkları bildirir. Cümle başında veya başlık durumunda değillerse küçük harfle yazılırlar.

Örnek: köpek, kalem, dağ, sevinç, üzüntü, anne...

3- VARLIKLARIN SAYILARINA GÖRE

A- Tekil İsim:

Çoğul takısı (-ler, -lar) almamış isimlerdir.

Örnek: kalem, okul, ağaç, defter, bahçe...

B- Çoğul İsim:

Çoğul takısı (-ler, -lar) almış isimlerdir.

Örnek: kitaplar, bahçeler, çiçekler, ağaçlar...

-ler, -lar ekleri eklendikleri isimlere değişik anlamlar da katarlar.

Örnek: Türkler asırlar boyu yaşamışlardır. (Aynı soydan olanları belirtmiş.)
Okuldaki Ahmetler kaç kişidir? (Aynı özel adı taşıyanları belirtiyor.)
Yarın amcamlara gideceğiz. (Aynı aileden olan, evi aynı kişilerin tamamını belirtiyor.)
Atatürkler ölmez. (Atatürk ve onun yolundan giden kişileri belirtiyor.)
Kardeşim ateşler içinde yatıyor. (Söze abartma, çokluk anlamı katmış.)
Akşamları az yemek yerim. ("Her akşam" yerine geçmiş.)
Otuz beş yaşlarında bir kadındı. ("Aşağı yukarı" anlamını vermiş.)
Başbakan orada yoklar mı? (Saygı anlamı vermiş.)

C- Topluluk İsmi:

Çoğul takısı almadıkları halde birden çok varlığı ifade eden isimlerdir.

Örnek: ulus, aile, toplum, meclis, ordu, bölük, takım, grup, dizi, halk, demet, alay, dernek, kurul, küme...

Topluluk isimleri de çoğul eki alarak çoğul olabilirler.

Örnek: ordular, sürüler, halklar, kümeler...

YAPILARINA GÖRE İSİMLER

1- BASİT İSİMLER

Kök halinde veya çekim eki almış (yapım eki almamış) isimlerdir.

Örnek: defter (basit isim) defterimiz (basit isim)
kök iyelik eki
(çekim eki)
okulda, bahçeler, kitaptan, annem (basit isimler)

2- TÜREMİŞ İSİMLER

İsim, sıfat ya da fiil köklerine veya gövdelerine yapım eki getirilerek yeni bir anlam taşıyan isimler oluşturulur. Böyle isimlere türemiş isimler denir.

Örnek:

Göz+lük	= Gözlük	(isimden türemiş isim)
İyi+lik	= İyilik	(sıfattan türemiş isim)
Türk+çe	= Türkçe	(isimden türemiş isim)
Geç+it	= Geçit	(fiilden türemiş isim)
Pat+ırtı	= Patırtı	(yansımadan türemiş isim)
Fır+ıl+dak	= Fırıldak	(yansımadan türemiş isim)
Vız+ıl+tı	= vızıltı	(yansımadan türemiş isim)

Not: Yansıma, doğadaki canlı ve cansız varlıklardan çıkan pat, çat, küt, vız, cız gibi seslerdir.

3- BİLEŞİK İSİMLER

Birden çok kelimenin birleşip kaynaşmasıyla yeni bir anlam kazanmış isimlerdir. Bitişik yazılırlar. Çeşitli şekillerde oluşurlar.

1- İki İsmin Birleşmesiyle Oluşanlar: Topkapı, Beşiktaş, Galatasaray, demirbaş, anayasa, açıortay, Çankaya, çayhane, Çanakkale, Atatürk...

2- Belirtisiz İsim Tamlaması Şeklindeki Bileşik İsimler: denizaltı, ayakkabı, Kuşadası, Sarayburnu, devetabanı, hanımeli, danaburnu, Beylerbeyi, subaşı...

3- Sıfat Tamlaması Şeklindeki Bileşik İsimler: Uludağ, Kızılırmak, Yeşilırmak, Karadeniz, kabadayı, Akdeniz, Sivrihisar, Acıgöl...

4- Bir İsim ile bir Fiilin Kaynaşmasıyla Oluşan Cümle Biçimindeki Bileşik İsimler: gecekondu, kuşkonmaz, mirasyedi, uçaksavar...

5- İki Fiilin Kaynaşmasıyla Oluşan Bileşik İsimler: kaptıkaçtı, dedikodu, gelgit...

6- Yansıma Kelimelerinin Birleşmesiyle Oluşan Bileşik İsimler: çıtçıt, çatapat, hırgür, şakşak...

7- Ses Değişikliğiyle Oluşan Bileşik İsimler:

kahve+altı	=	kahvaltı
pazar+ertesi	=	pazartesi
cuma+ertesi	=	cumartesi
sütlü+aş	=	sütlaç
güllü+aş	=	güllaç

İSMİN HALLERİ (AD DURUMLARI)

İsimler cümlede hal ekleri alarak çeşitli biçimlere girerler. İsimler cümlede beş halde bulunur.

1- Yalın hal: İsmin hal eki almamış durumudur.

Örnek: ev, masa, sıra, kitap, kalem...

2- -i hali: İsmin -i hal eki almış olan biçimidir. "Belirtme" durumudur. -i hal eki büyük ünlü uyumuna göre -ı, -i, -u, -ü şekline dönüşür. Sesli harfle biten bir sözcüğe ekleniyorsa araya "y" kaynaştırma harfi girer. -i hal eki özel isimlerden kesme işareti ile ayrılır.

Örnek: Babam evi gezmiş.
İstanbul'u çok severim.
Masayı iter misin?

kay. harfi

3- -e hali: Yönelme durumudur. -e hal eki büyük ünlü uyumuna göre -e, -a şekline dönüşür. Sesli harfle biten bir sözcüğe eklenirken araya "y" kaynaştırma harfi girer. -e hal eki özel isimlerden kesme işareti ile ayrılır.

Örnek: Okula gideceğim.
İzmir'e gidiyoruz.
Okumaya başladım.

kay. harfi

4- -de hali: Kalma; içinde, üzerinde olma bildirir. -de hal eki büyük ünlü uyumuna göre -de, -da şekline dönüşür. Ayrıca sertleşmeye uğrar ve -te, -ta halini alır. -de hal eki özel isimlere eklenirken kesme işareti ile ayrılır.

Örnek: Trende arkadaşımı gördüm.
Yemeği balkonda yedik.
Şırnak'ta olaylar olmuş.

-de halini bağlaç olan "de" sözcüğü ile karıştırmayalım. "de" bağlacı ayrı yazılır ve sertleşmeye uğramaz.

-de eki bazen ismin kökünde olabilir.

Örnek: Sözde bana gelecekti. (Buradaki "sözde" kelimesi güya, sanki anlamındadır ve yalın haldedir.)

5- -den hali: -den hal eki büyük ünlü uyumuna göre -den, -dan şekline dönüşür. Ayrıca, sertleşmeye uğrar ve -ten, -tan halini alır. Özel isimlerden kesme işareti ile ayrılır.

Örnek: Yoldan geçen kadını gördün mü?
Denizden balık tuttum.
Başkentten ayrıldım.
Antalya'dan geliyorum.

-den eki almış bütün sözcükler ismin -den hali değildir.

Örnek: maden (İsmin kökünde -den var. Yalın halde.) candan (Buradaki -dan yapım ekidir. Türemiş isimdir ve yalın haldedir.)

Not: İsmin hal ekleri çekim ekleridir.

İSİM TAMLAMALARI (AD TAMLAMALARI)

Bazen cümle içinde anlatmak istediğimiz şeyi bir isimle anlatamayız. Onu daha iyi belirtmek için başka isim veya isimlerle tamamlamamız gerekir. İsimlerin oluşturduğu bu tür anlatım birliklerine "isim tamlaması" denir.

Tamlamalarda iki öğe (bölüm) vardır: 1- Tamlayan, 2- Tamlanan

Tamlayan: Tamlanan varlığın kime, neye ait olduğunu veya neden yapıldığını, neye benzediğini gösterir. Genelde ilk kelime veya kelimelerdir. Tamlayan ek aldığında -in ve -im eklerini alır. Bu ekler sesli harfle biten sözcüğe eklenirken araya "n" kaynaştırma harfi girer.

Tamlanan: Genelde tamlamalarda sonda bulunan sözcüktür. Tamlamanın temel öğesidir. Tamlanan -i (-ı, -u, -ü), (i)m, -(i)miz, -(i)n, -(i)niz, -leri eklerini alır. Bu harfler sesli harfle biten bir sözcüğe ekleniyorsa araya "s" kaynaştırma harfi girer.

Not: Bazı kelimelerde özel durum vardır. Tamlayan genelde "n" kaynaştırma harfini alır. Fakat "suyun tadı, neyin nesi" gibi tamlamalarda görüldüğü gibi "y" kaynaştırma harfini almıştır. Aynı şekilde "çeşme suyu, maden suyu" derken tamlanan "s" değil, "y" kaynaştırma harfini almıştır.

İSİM TAMLAMALARININ ÇEŞİTLERİ

1- **Belirtili İsim Tamlaması:** Hem tamlayanın hem de tamlananın ek almış olduğu tamlamadır.

Örnek: Ağac-ın dallar-ı
tamlayan tamlanan

Mustafa Kemâl'-in başarı-(s)-ı
(s): kay. h.

Ev-in bahçe-(s)-i
(s): kay. h.

Türkiye'(n)-in dağlar-ı
(n): kay. h.

2- **Belirtisiz İsim Tamlaması:** Bu tamlamada tamlayan ek almamıştır; tamlanan -i (-ı, -u, -ü) eki almıştır. Tamlayan sözcük (ilk sözcük), ikinci sözcüğün türünü ya da ne işe yaradığını bildirir.

Örnek: Ağaç dal-ı
tamlayan tamlanan

Gül yaprağ-ı
Çocuk bahçe(s)-i
Düşünce özgürlüğ-ü

3- **Takısız İsim Tamlaması:** Bu tamlamada tamlayan da tamlanan da ek almazlar. Birinci sözcük, ikincinin neden yapıldığını ya da neye benzediğini bildirir.

Örnek: Demir kapı
Elma yanak
Altın saç
İpek kumaş
Pamuk Prenses
Gümüş yüzük

4- **Zincirleme İsim Tamlaması:** İkiden çok isimden oluşan tamlamalardır.

Örnek: Deniz suyunun sıcaklığı
Yatak örtüsünün ucu
Belediye Meclisinin toplantı günü
Van kedisinin gözleri

TAMLAMALARLA İLGİLİ ÖNEMLİ BİLGİLER

1- Belirtili ve zincirleme tamlamalarda, tamlayan ile tamlanan arasına sıfatlar girebilir.

Örnek: Yurdumuzun zengin madenleri
Belirtili isim tamlaması

Araya sıfat girmiş. Üç kelimeden oluşmasına rağmen zincirleme isim tamlaması değildir; çünkü iki isim vardır. Bir tanesi ise sıfattır.

Çocuğun kırık oyuncağı

Belirtili isim tamlaması

Oya'nın yeni okul giysisi

Zincirleme isim tamlaması (3 isim var)

Belirtisiz isim tamlamalarında ve takısız isim tamlamalarında iki sözcüğün arasına sıfat girmez. Sıfat, bu tamlamaların baş tarafında olabilir.

Örnek: Küçük deri ayakkabı
sıfat takısız i. t.

Coşkun nehir suları
sıfat belirtisiz i. t.

İçinde sıfat olan bu tür tamlamalar karma tamlamalardır.

2- Devrik cümlelerde tamlayan ile tamlanan yer değiştirebilir.

Örnek: Nerede çantası arkadaşımın? (arkadaşımın çantası)
Anlatamam güzelliğini yurdumun. (yurdumun güzelliğini)

3- Bazı belirtili ve takısız tamlamalarda, tamlayan -den ekini alabilir.

Örnek: Adamlardan biri ("Adamların biri" anlamında)
Belirtili isim tamlaması

Takısız isim tamlamaları:
- İpekten gömlek ("İpek gömlek" anlamında)
- Mermerden banyo ("mermer banyo" anlamında)

4- Tamlayan ve tamlanan çoğul eki alabilir.

Örnek: Adamların bazıları (Her ikisi de çoğul eki almış)
Devler ülkesi (Tamlayan çoğul eki almış)
Masa örtüleri (Tamlanan çoğul eki almış)

5- İsim tamlamaları ismin hallerine girebilir. Hal ekleri tamlanana eklenir.

Örnek: Okul bahçesi (n) -e ağaç diktik.
Belirtisiz i. t.
-e hal eki
kaynaştırma harfi

Ağacın altın-da uyumuşum.
Belirtili i. t.
-de hal eki

6- İsim tamlamaları isimlerin tüm görevlerini yapabilirler. Yani, cümlenin öğeleri olan özne, tümleç, yüklem görevine girerler. Bu durumda öğeler bulunurken tamlama bozulmaz. Tek isim gibi düşünülür.

Örnek: Ahmet'in elbisesi yırtıldı.
—— özne ——

Özne sorusu "Yırtılan ne?" cevap "Ahmet'in elbisesi." Öyleyse özne "Ahmet'in elbisesi"dir. Yani, belirtili isim tamlamasıdır.

Arzu, bu okulun en güzel kızıdır.
—— yüklem ——

Tamlamayı bozamayız. Tamamı yüklem görevindedir.

Ali, sınıfın camını kırdı.
— tümleç —

Tümleç sorusu "Ali neyi kırdı?" cevabı "Sınıfın camını." - Belirtili isim tamlaması

İSİMLERDE KÜÇÜLTME

İsimler -cik, -cek, -ceğiz, -ciğim eklerinden birini alarak sevgi, küçüklük, acıma, küçümseme, alay gibi anlamlar kazanırlar. Bunlara küçültmeli isimler denir.

Örnek: Benim canım babacığım. (Sevgi anlamını taşıyor.)

Çocukcağız çok korkmuştu. (Acıma anlamı veriyor.)

Nehre birçok derecik akıyor. (Küçültme anlamında)

Yavrucak üşümüştü. (Acıma, şefkat bildiriyor.)

Küçültme ekleri ünlü uyumuna uyarlar ve sertleşmeye uğrarlar.

Önemli Not: -cik eki almış, ancak küçültme anlamından çıkıp varlıkların adı olan kelimeler küçültmeli isim sayılmazlar.

Örnek: Arpacık = Göz çıbanı
Bademcik = Boğazımızdaki bir organ
Gelincik = Bir çiçek; bir hayvan

Ayrıca, Gölcük, Çınarcık, Köyceğiz gibi yer isimlerinde küçültme yoktur.

7. BÖLÜM

SIFAT (ÖNAD)

Varlıkları niteleyen ya da belirten sözcüklerdir. Yani varlıkların rengini, durumunu, biçimini bildiren; yerini, sayısını, sırasını belirten ya da soran sözcüklerdir. Sıfatların ardından mutlaka bir isim gelir.

SIFAT ÇEŞİTLERİ

Anlamlarına Göre
1- Niteleme Sıfatları
2- Ünvan Sıfatları
3- Belirtme Sıfatları
   A) İşaret Sıfatları
   B) Soru Sıfatları
   C) Belgisiz Sıfatlar
   D) Sayı Sıfatları
      a) Asıl Sayı Sıfatları
      b) Kesir Sayı Sıfatları
      c) Sıra Sayı Sıfatları
      d) Üleştirme Sıfatları

Yapılarına Göre
1- Basit Sıfatlar
2- Türemiş Sıfatlar
3- Bileşik Sıfatlar

ANLAMLARINA GÖRE SIFATLAR

NİTELEME SIFATLARI

Varlıkların rengini, durumunu, biçimini; kısaca nasıl olduklarını bildiren sıfatlardır.

Örnek: Kırmızı gül, yamuk çizgi, yalnız adam, doğru söz,
erimiş yağ, kalabalık çarşı, temiz oda, soğuk hava,
şapkalı adam, kılçıklı balık, sönmüş ateş...

Bir sıfatın niteleme sıfatı olup olmadığını anlamak için sıfatın yerine "nasıl" sorusunu getiriniz. Cevap alıyorsanız, o sıfat niteleme sıfatıdır.

Örnek: Doğru söz. - Nasıl söz? - Doğru söz.
Sıcak hava. - Nasıl hava? - Sıcak hava.

Niteleme sıfatı olan kelimeler (güzel, acı, büyük, küçük...) sadece isimle birlikte sıfat tamlaması biçimindeyse niteleme sıfatı olurlar. Bunun dışında bir fiili niteliyorlarsa zarf olurlar veya çekim eki alarak isimleşirler.

Örnek: Tatlı sözlerle beni kandırdı. (İsmi nitelediği için sıfattır.)
sıfat

Tatlıyı çok severim. (Çekim eki alarak isimleşmiş. Sıfatlar çekim eki almazlar.)
isim

Benimle tatlı konuştu. ("Konuştu" fiilini nitelediği için zarftır.)
zarf

BELİRTME SIFATLARI

Varlıkların işaret yoluyla yerlerini gösteren, sayılarını bildiren, durumlarını belli belirsiz ya da soru yoluyla belirten sıfatlardır.

Belirtme Sıfatlarının Çeşitleri:

1- İşaret Sıfatları

Varlıkların yerini işaret yoluyla gösterirler.

Örnek: Bu kitap, Beriki ev — Yakınımızda olan varlıklar için kullanılırlar.

Şu sokak
Öteki adam
Öbür çanta

Biraz uzaktakiler için kullanılırlar.

O dağ
Oradaki ağaçlar

Daha uzakta olan varlıklar için kullanılırlar.

Bunların dışında -ki veya -deki yapım ekleri isimlerin sonuna gelerek yer belirten sıfatlar türetirler.

Örnek: Bahçedeki çocuk, akşamki yemek, dolabın içindeki çanta,
işaret s. işaret s. işaret sıfatı

karşıdaki ev, sokaktaki çöp...
işaret s. işaret s.

İşaret sıfatı olan kelimeler (bu, şu, o, öteki, beriki...) bir ismin önünde değillerse sıfat olamazlar.

Örnek:
Bu benim mi?
Şunu uzatır mısın?
Ötekini isterim.
Berikinin adı nedir?

Bu cümlelerdeki altı çizili sözcükler sıfat değil işaret zamiridirler; çünkü ismin yerine kullanılmışlardır.

2- Soru Sıfatları

Önüne geldikleri ismi soru yoluyla belirtirler.

Örnek: Nasıl soru? Kaç Lira? Hangi sokak? Kaçar kilo? Ne zaman? Ne iş? Ne çeşit kalem? Ne kadar zaman?

Önemli Not: Ne, kaç, hangi, nasıl gibi soru kelimeleri bir ismin yerini tutuyorlarsa soru zamiri; fiili etkiliyorlarsa soru zarfı olurlar.

Örnek:
Kaç çocuk var? (İsmi etkilediği için sıfattır.)
Hangisi senin? (İsmin yerine geçtiği için zamirdir.)
Oraya nasıl gittin? (Fiili etkilediği için zarftır.)

3- Belgisiz Sıfatlar

Varlıkları tam olarak değil de belli belirsiz belirten sıfatlardır.

Örnek: Birkaç çocuk, biraz ekmek, her çocuk, bazı günler, kimi zaman, filân yer, fazla para, çoğu insan, az yemek, başka gün, filânca saat...

Belgisiz kelimeler ismi belirtiyorsa sıfat, ismin yerini tutuyorsa zamir, fiilin ya da sıfatın anlamını etkiliyorsa zarf olurlar.

Örnek: Çok kitap okudum. (İsmi etkilediğinden belgisiz sıfattır.)
Çoğunu okudum. ("Çok kitap" yani isim yerine kullanıldığı için belgisiz zamirdir.)
Çok konuşur. ("Konuşur" fiilini etkilediği için zarftır.)
Biraz çirkin elbiseymiş. ("Çirkin" sıfatını etkilediği için zarftır.)

4- Sayı Sıfatları

Varlıkları sayılarla belirten sıfatlardır.

A) ASIL SAYI SIFATLARI

Varlıkları tam sayılarla belirten sıfatlardır. Ya bir kelime (bir, iki, üç...) halinde, ya sıfat tamlaması biçiminde, çarpımlı sayılar (beş yüz, üç bin, sekiz yüz milyon...) halinde, ya da kelime grubu (on üç, elli yedi, yüz on beş...) halindedir.

Asıl sayı sıfatları hem yazıyla hem de rakamla yazılabilir.

Örnek: 15 metre, otuz beş yaş, üç gün, 80 kilometre...

"Bir" sayısı asıl sayı sıfatı olabildiği gibi bazı durumlarda belgisiz sıfat da olabilir.

Örnek: Sınava bir gün kaldı. (Gün sayısı tam olarak belli.)
asıl sayı s.

Bir gün size gelirim. (Hangi gün geleceği tam olarak belli değil.)
belgisiz s.

B) KESİR SAYI SIFATLARI

Varlıkların bölümlerini gösteren sıfatlardır. Rakamla veya yazıyla yazılabilirler.

Örnek: Çeyrek ekmek yedim.
Paramızı %65 faizle bankaya yatırdık.
Yüzde beş kişi bu bilgileri bilmez.
Elmalar 2,5 kilo geldi.

Örneklerde görüldüğü gibi kesir sayılarının ardından daima isim gelmiştir yani sıfat tamlaması şeklindedir. Aksi halde sıfat olmaktan çıkar, isimleşir.

Örnek: Paranın yarısı (Belirtili isim tamlaması)
Elmanın çeyreği (Belirtili isim tamlaması)
Arsanın yüzde beşi (Belirtili isim tamlaması)

C) SIRA SAYI SIFATLARI

Varlıkların sıralarını belirten sıfatlardır. Sayıların sonuna -(i)nci eki getirilerek yapılır: birinci, onuncu, yüzüncü, kırkıncı...

-(i)nci yapım ekidir. Dolayısıyla, bu kelimeler de türemiş kelimelerdir.

Sıra sayı sıfatları çeşitli şekillerde yazılabilirler: "1.", "birinci", "1'inci".

Örnek: Birinci çocuk, 1. çocuk, 1'inci çocuk, 18'inci gün, 18. gün, on sekizinci gün, IV. Murat, 15. yüzyıl, sekizinci sokak...

Ayrıca, sıra sayı sıfatı anlamına gelen kelimeler de vardır: ilk gün, sonuncu çocuk, ortanca kardeş...

D) ÜLEŞTİRME SIFATLARI

Varlıkların eşit bölümlere ayrıldığını belirten sıfatlardır. Asıl sayıların veya bazı kesir sayılarının sonuna -er, -ar eki getirilerek yapılır. Bu ekler yapım ekidir. Kelime türetirler.

Üleştirme sıfatları genelde yazıyla yazılırlar. Rakamla yazılacaksa -er, -ar eki kesme işareti ile ayrılır.

Örnek: Üçer kişi, beşer çocuk, 10'ar sıra, on beşer bin Lira, 7'şer kalem...

Üleştirme sayıları fiilden önce tekrarlanarak söylenirse hâl zarfı olurlar.

Örnek: Öğrenciler üçer üçer oturdular.
hâl zarfı

ÜNVAN (SAN) SIFATLARI

İnsanların rütbe, memuriyet, derece ve sosyal durumlarına göre adlarına takılan saygı ve tanıtma sözleridir. Bunlar bir çeşit niteleme sıfatıdır.

Ünvan sıfatları, büyük harfle başlanarak yazılır ve kişi adlarından önce veya sonra gelebilirler.

Örnek:

Bayan Şima	Osman Gazi
Öğretmen Nilüfer	Mahmut Han
Şehzade Cem	Kösem Sultan
Doktor Can	Mustafa Paşa
Kanuni Sultan Süleyman	Evliya Çelebi
	Alemdar Mustafa Paşa

YAPILARINA GÖRE SIFATLAR

BASİT SIFATLAR

Yapım eki almamış, bileşmemiş, kök durumunda olan sıfatlardır.

Örnek: Düz yol, az para, kaç gün, kırmızı gül, çok iş, acı söz...

TÜREMİŞ SIFATLAR

İsim soylu kelimelerden ya da fiillerden yapım ekleriyle türetilen sıfatlardır.

Örnek: şeker-li kahve, kış-lık kömür, ses-siz insan, akşam-ki film, duvar-daki tablo, soğu-k su, dol-u bardak, üz-ücü olay, sarı-şın kız, gül-en gözler, çalış-an memur, ince-cik kumaş, kuru-muş dere, tanı-dık yüz, ara-madık yer, ter-temiz yatak, büyü-k ev, taş-kın davranış, dal-gın adam, sap-a yol, kıs-ık ses, çal-ar saat, dön-ek kişi, para-sal durum...

BİLEŞİK SIFATLAR

Birden çok sözcüğün oluşturduğu sıfatlardır. Anlamca ve yapıca kaynaşmış bileşik sıfatlar bitişik yazılır. Yapıca kaynaşmamış grup halindeki sıfatlar ayrı yazılır.

Kaynaşmış Bileşik Sıfatlar: ağırbaşlı genç, yurtsever insan, birçok kitap, derli-toplu insan, kavuniçi kazak, konuksever kişiler, herhangi gün, ikizkenar üçgen, boşboğaz çocuk, açıkgöz insanlar...

Gruplaşmış Bileşik Sıfatlar: eli açık insanlar, uzun ağaçlı yol, bitmez tükenmez acılar, eğri büğrü ağaç, karlı, soğuk bir gün, penceresi küçük ev, irili ufaklı adalar, zarif, güzel kadın...

SIFATLARDA DERECELENDİRME

İki varlığın niteliklerinin karşılaştırılması sırasında ortaya çıkar. Beş şekilde olur:

1- Derecesiz Sıfatlar: Büyük çanta, güzel kız...

2- Eşitlik Derecesi (kadar, gibi): Benim kadar akıllı çocuk, saray kadar büyük ev, Ali gibi iyi insan...

3- Üstünlük Derecesi (daha): Benden daha akıllı adam, çiçekten daha güzel çocuk...

4- En üstünlük Derecesi (en): En akıllı adam, en kuvvetli insan...

5- Aşırılık Derecesi (çok, pek): Çok güzel resim, pek becerikli çocuk...

SIFATLARDA PEKİŞTİRME

Niteleme sıfatları türlü yollarla anlamca kuvvetlendirilir. Buna "sıfatlarda pekiştirme" denir.

Pekiştirme yolları şunlardır:

1- Niteleme sıfatının ilk ünlüsüne kadar olan bölüm alınır, sonuna m, p, r, s ünsüzlerinden biri getirilir ve sıfatın baş tarafına eklenir.

Örnek:	te-r-temiz	===>	tertemiz su
	sa-p-sarı	===>	sapsarı ayva
	pe-r-perişan	===>	perperişan adam
	ma-s-mavi	===>	masmavi deniz
	ya-p-yalnız	===>	yapyalnız kadın
	i-p-ince	===>	ipince kumaş

ye-m-yeşil = = = > yemyeşil çayır
sa-p-a-sağlam = = = > sapasağlam yumurta

|

ses türemesi

2- Sıfatların ikilenmesiyle pekiştirme yapılır.

Örnek: iri iri taşlar
güzel güzel çocuklar
buzlu buzlu su
al al elmalar

3- Yakın anlamlı veya zıt anlamlı kelimelerin, sesleri benzeşenlerin ikilenmesiyle pekiştirme yapılır.

Örnek: eski püskü elbise
iri yarı adam
süklüm püklüm duruş
irili ufaklı taşlar
akıllı uslu çocuk

4- İsimler tekrarlanarak pekiştirilmiş sıfatlar elde edilir.

Örnek: sepet sepet yumurta
avuç avuç su
sıra sıra çiçekler
paket paket kitaplar

5- Pekiştirmenin daha canlı olabilmesi için ikilenen sıfatların arasına "mi" getirilir.

Örnek: taze mi taze meyvalar
sağlam mı sağlam araba
yeşil mi yeşil gözler
soğuk mu soğuk sular
üzgün mü üzgün insanlar

SIFATLARDA KÜÇÜLTME

Sıfatların sonuna -cik, -ce, -(i)msi, -(i)mtrak ekleri getirilerek küçültme yapılır. Bu ekler eklendikleri sıfatlara "küçüklük, gibi, yakın, benzeri" anlamları katarlar.

Küçültme ekleri yapım ekleridir. Bu ekleri almış sıfatlar da türemiş sıfatlardır.

Örnek:	biraz+cık	===>	birazcık su
	ekşi+msi	===>	ekşimsi yoğurt
	kısa+cık	===>	kısacık saç
	ufak+cık	===>	ufacık çocuk (k harfi düşmüş)
	büyük+ce	===>	büyükçe ev (sertleşme var)
	iri+ce	===>	irice taş
	sarı+mtrak	===>	sarımtrak elbise
	çocuk+msi	===>	çocuksu davranış (-msi ekinin baş kısmı düşmüş)
	az+cık	===>	azıcık yemek (ses türemesi var)

Küçültme sıfatları bazen sevgi, acıma anlamları da taşırlar.

Örnek: Minicik elleri donmuştu.
Sıcacık davranışıyla kalbimi kazandı.

SIFAT TAMLAMALARI

Sıfatların, isimleri veya isim görevindeki sözcükleri nitelemesi veya belirtmesiyle oluşan tamlamalara sıfat tamlaması denir.

Sıfat tamlamalarında tamlayan sıfat, tamlanan isimdir.

Sıfat tamlamaları tamlayan ve tamlanan ekleri (-in, -i) almazlar. Bu yüzden takısız isim tamlamalarına benzerler.

Örnek: hızlı bisiklet, yeşil yaprak, her insan, bazı çocuklar, üç kalem, güzel manzara, hangi sıra, kaç gün...

Sıfat tamlamalarının sıfat olan bölümü hiçbir zaman çekim eki almaz. İsim olan bölümü çekim eki alabilir.

Örnek: Dalgalı denize girmem.
↓ -e hali
sıfat tam.

Bazı insanlar huysuz olur.
↓ çoğul eki
sıfat tam.

Yırtık kitaptan hoşlanmam.
↓ -den hali
sıfat tam.

Eğer bir sıfat çekim eki almışsa, o sıfat olmaktan çıkar, isimleşir.

Örnek: Bir güzeli bir çirkine verseler.
isim isim

Güzellerin talihi az olur.
belirtili isim tamlaması

Maviyi sevmem, yeşili severim.
isim isim

Tatlı ye, tatlı konuş. ("tatlı" çekim eki almamış ama ardından isim gelmediği için sıfat değildir.)
isim zarf

Sıfat tamlamaları tek bir isim sayılır. İsim tamlamalarında tamlayan, tamlanan veya hem tamlayan hem tamlanan olurlar.

Örnek: Komşunun eski evi
tamlanan bölüm sıfat tamlaması
belirtili isim tamlaması

Sarı evin kapısı
tamlayan bölüm sıfat tamlaması
belirtili isim tamlaması

Çarşıdaki çocuğun yeşil gömleği
tamlayan, sıfat tamlaması — tamlanan, sıfat tamlaması
belirtili isim tamlaması

Bir ismi birden fazla sıfat tamlayabilir.

Örnek: Uslu, çalışkan, terbiyeli çocuk
(Hepsi niteleme sıfatı olduğu için aralarına virgül konmuş.)
Şu ulu ağaçlar
niteleme sıfatı
belirtme sıfatı
(Farklı tür sıfatlar olduğu için aralarına virgül konmaz.)

Bir sıfat birden fazla ismi tamlayabilir.

Örnek: Karşıdaki caddeler, sokaklar temizdir.
sıfat tamlaması (2 tane ismi tamlamış)

8. BÖLÜM

ZAMİR (ADIL)

İsim olmadıkları halde ismin yerini tutan, ismin yerine kullanılan sözcüklere veya eklere zamir denir.

ZAMİR ÇEŞİTLERİ

Sözcük halindeki zamirler	Ek halindeki zamirler
- Kişi (şahıs) zamirleri	- İyelik zamirleri
- İşaret (gösterme) zamirleri	- İlgi zamiri
- Soru zamirleri	
- Belgisiz zamirler	

SÖZCÜK HALİNDEKİ ZAMİRLER

1- Kişi Zamirleri: Kişi zamirleri insan isimlerinin yerine kullanılan zamirlerdir. Üçü tekil, üçü çoğul olmak üzere altı tanedirler. Ayrıca "kendi" kelimesi de şahıs zamiridir.

Konuşan Şahıs:	1. tekil şahıs = Ben		1. çoğul şahıs	= Biz
Dinleyen Şahıs:	2. tekil şahıs = Sen		2. çoğul şahıs	= Siz
Adı Geçen Şahıs:	3. tekil şahıs = O		3. çoğul şahıs	= Onlar

Kişi zamirleri tıpkı isimler gibi ismin hallerine girerler:

Yalın hal	Ben	Sen	O	Biz	Siz	Onlar
-e hali	Bana	Sana	Ona	Bize	Size	Onlara
-i hali	Beni	Seni	Onu	Bizi	Sizi	Onları
-de hali	Bende	Sende	Onda	Bizde	Sizde	Onlarda
-den hali	Benden	Senden	Ondan	Bizden	Sizden	Onlardan

Not: "Ben" ve "Sen" zamirleri -e haline girerken değişikliğe uğrarlar, "Bana" ve "Sana" halini alırlar. "O" zamiri -e ve -i hallerine girerken "n" kaynaştırma harfini alarak "Ona" ve "Onu" halini alır; -de ve -den hallerine girerken "n" ses türemesi ile "Onda" ve "Ondan" halini alır.

"Kendi" kişi zamiri de iyelik ekleri alır ve şahıslara göre çekimlenebilir:

1. tekil şahıs	=	Kendim	("m" iyelik eki)
2. tekil şahıs	=	Kendin	("n" iyelik eki)
3. tekil şahıs	=	Kendisi	("s" kaynaştırma harfi, "i" iyelik eki)
1. çoğul şahıs	=	Kendimiz	("miz" iyelik eki)
2. çoğul şahıs	=	Kendiniz	("niz" iyelik eki)
3. çoğul şahıs	=	Kendileri	("leri" iyelik eki)

Kişi zamirleri isim tamlaması kurarlar.

Örnek: Benim kitabım
Onların evi
Sizin bahçeniz
Senin okulun
Kendi okulu

Söze nezaket, saygı katmak amacıyla bazen "sen" yerine "siz" kullanılır.

Örnek: Size bir şey sorabilir miyim? (Nezaket)
Siz daha iyi bilirsiniz. (Saygı)

Böbürlenmek veya alçak gönüllülük için "ben" zamiri yerine "biz" zamiri kullanılabilir.

Örnek: Biz, malın iyisini anlarız. (Böbürlenme)
Biz onlarla yarışabilir miyiz hiç! (Alçak gönüllülük)

Tanrı, bayrak, yurt, millet gibi kutsal şeylerden bahsederken "siz" değil, "sen" kullanılır.

Örnek: Tanrım, sana sığındım.
Bayrağım, sen milletimin sembolüsün.

"Biz" ve "siz" şahıs zamirleri çoğul eki alırlar.

Örnek: Bizler, sizler

2- İşaret (gösterme) zamirleri: Gösterilerek belirtilen varlıkların adları yerine geçen zamirlerdir. Yakını işaret etmek için "bu", biraz ötedekini işaret etmek için "şu", uzaktakini işaret etmek için "o" kelimeleri kullanılır. Çoğulları "bunlar, şunlar, onlar"dır.

İşaret zamirleri ile işaret sıfatları aynı kelimelerdir. Bu ikisini karıştırmamak için bazı kolaylıklar öğrenelim:

- İşaret sıfatları çoğul olamazlar. Hiçbir zaman çekim eki almazlar.

- İşaret sıfatları isimden önce gelirler ve o ismi göstererek belirtirler.

- İşaret sıfatları ile isim arasına hiçbir zaman noktalama işareti girmez.

Örnek:

Bu kitap benimdir. sıfat	Bu benimdir. zamir ("kitap" yerine geçmiş)
Şu kalemi verir misin? sıfat	Şunu verir misin? zamir ("kalem" yerine geçmiş)

- "O" ve "onlar" sözcükleri işaret zamiri de olur, şahıs zamiri de olurlar. "O" ve "onlar" sözcükleri insan için kullanılıyorsa şahıs zamiridirler; cansız varlıklar, hayvanlar, bitkiler için kullanılıyorsa işaret zamiri olurlar.

Örnek:

O, kitap okumayı sever.	(Kişi zamiridir. İnsandan bahsediyor. İsimle arasına virgül girmiş.)
O kitap okunmadı.	(İşaret sıfatı. Arada virgül yok ve kitabı işaret ediyor.)

O, kitap değil, defterdir.	(İşaret zamiridir. Cansız varlığın -defterin- yerine kullanılmış. Araya virgül konmuş.)

- "Bu, şu, o" sözcüklerinden başka da işaret zamirleri vardır. "Öteki, beriki, bura, burası, şura, şurası, ora, orası, öyle, şöyle, böyle" sözcükleri de işaret zamiridir. Bu sözcükler gerekli ekleri alarak işaret zamiri olarak kullanılırlar.

Örnek: Kitapları şuraya koyuver.
Orası çok güzelmiş.
Ötekini verir misin?
Elmanın böylesini görmemiştim.
Şurası bozulmuş.
Berikini uzatıver.

- İşaret zamirleri ismin hallerine girerler:

Yalın hal:	Bu	Şu	O	Bunlar	Şunlar	Onlar
-i hali:	Bunu	Şunu	Onu	Bunları	Şunları	Onları
-e hali:	Buna	Şuna	Ona	Bunlara	Şunlara	Onlara
-de hali:	Bunda	Şunda	Onda	Bunlarda	Şunlarda	Onlarda
-den hali:	Bundan	Şundan	Ondan	Bunlardan	Şunlardan	Onlardan

Not: "Bu, şu, o" kelimeleri -i ve -e haline girerken "n" kaynaştırma harfini alırlar.

3- Soru zamirleri: Soru yoluyla isimlerin yerini tutan zamirlerdir. "Ne, kim, kaçı, hangisi" gibi kelimelerdir.

Örnek: Ne aldın?
Neyi beğendin?
Kim geldi?
Kimde kalıyorsun?
Hangisi sana aittir?
Hanginiz anlatacaksınız?
Kaçı senindir?

Soru sıfatıyla soru zamirini karıştırmayalım. Soru sıfatı olan kelimeler çekim eki almazlar.

Örnek:	Hangi çocuk çalışkandır? sıfat isim	(Arkasından isim gelmiş.)
	Hangisi çalışkandır? zamir	(İsmin yerine geçmiş. "Hangi çocuk" yerine kullanılmış.)

Kaç yumurta kırıldı?
sıfat isim

Kaçı kırıldı?
zamir

4- Belgisiz zamirler: İsimlerin yerini belli belirsiz biçimde tutan zamirlerdir.

Başlıca belgisiz zamirler şunlardır: herkes, kimse, biri, birisi, kimi, çoğu, hepsi, tümü, birazı, birkaçı, bazısı, başkası, şey, falan...

Örnek: Hepsiyle görüştüm.
Kimse görmedi.
Tümü sınıfı geçti.
Bazıları sıcak sever.
Kimileri aç kaldı.
Birazını bana ver.
Araba falan istemem.
Şeyi uzatır mısın?

Belgisiz zamirlerden bazıları iyelik eklerinden sıyrılıp bir ismi nitelerlerse belgisiz sıfat olurlar.

Örnek: Birkaç kitap okudum.
sıfat

Birkaçını okudum.
zamir

Biraz ekmek yedim.
sıfat

Birazını yedim.
zamir

EK HALİNDEKİ ZAMİRLER

1- İyelik zamirleri: Bir ismin sonuna gelen ve varlıkların kime, neye ait olduğunu gösteren eklere iyelik ekleri veya iyelik zamirleri denir. Bu ekler zamirle yapılan belirtili isim tamlamalarında tamlanan ismin sonuna gelirler. Bu durumda çoğu kez tamlayan görevindeki zamir düşer.

Örnek: Benim kalemim → Sadece "kalemim" de diyebiliriz.
Belirtili isim tam. Çünkü -im eki kalemin bana ait olduğunu belirtiyor. Buradaki -im eki iyelik zamiridir.

Senin evin	--»	evin	Altı çizili ekler iyelik zamirleridir.
Onun çantası	--»	çantası	
Bizim bahçemiz	--»	bahçemiz	
Sizin arabanız	--»	arabanız	
Onların elleri	--»	elleri	

Not: İyelik eki "-im" ile ek fiil olan "-im" ya da fiillerin sonundaki 1. tekil kişi eki olan "-im"i karıştırmayalım.

Örnek:	Ben bir öğretmenim.	(Ek fiil)
	Öğretmenim çok iyidir.	(İyelik zamiri)
	Okula erken giderim.	(1. tekil şahıs fiil çekim eki)

2- **İlgi zamiri "-ki"**: Belirtili isim tamlamalarında söylenmemiş tamlanan ismin yerini tutan zamirdir. Veya, bir şey söylerken daha önce söylenmiş ismin yerine geçer.

Örnek: Benim kalemim yeni, seninki eski.
("Senin kalemin" demek yerine "seninki" denmiş. Yani, -ki zamiri "kalemin" sözcüğü yerine kullanılmış.)

Bizim evimiz sizinkinden büyüktür.
("Sizin eviniz" yerine "sizinki" denmiş.)

Buradaki kalemler kayboldu. Oradakiler duruyor mu?

İşaret sıfatı türeten -ki eki. Kalemleri işaret etmiş. "Buradaki kalemler" sıfat tamlamasıdır.	İlgi zamiri. "Kalemler" sözcüğünün yerini tutuyor.

Bizim araba öyle eskidi ki sizinki bile yeni kaldı.

Bağlaç olan "ki"dir. Bu bir sözcüktür. Ayrı yazılır. Cümleleri birbirine bağlar.	İlgi zamiri olan -ki ekidir. "Araba" sözcüğünün yerine kullanılmıştır. Bitişik yazılır.

9. BÖLÜM

FİİL (EYLEM)

Bir iş, oluş, hareket ve durum bildiren kelimelerdir. Cümlenin temeli eylemdir. Kısacası, fiil olmadan cümle kurulamaz.

Örnek:	Eşya taşıdık.	Ali çalışıyor.	Evi süpürdüm.
	iş	iş	iş
	Kitap okudum.	Yazı yazdım.	
	iş	iş	

Yukardaki fiiller bir iş bildiriyor.

Masayı çekiniz.	Sabah erken kalktım.	Hızlı koşma!
hareket	hareket	hareket
İp atladık.		
hareket		

Yukardaki fiiller bir hareket bildiriyor.

Ağaçlar büyüdü.	İyice ısındık.	Güneş doğdu.
oluş	oluş	oluş

Yapraklar yeşerdi.
oluş

Yukardaki fiiller bir oluş bildiriyor.

Oturuyorum. Sınıfta kaldı. Saat durmuş.
durum durum durum

Babam dinleniyor.
durum

Yukardaki fiiller ise bir durum bildiriyor.

FİİLLERDE MASTAR (EYLEMLİK)

Mastar fiilin adıdır; yani fiilin isim halidir. Fiil kök veya gövdelerine -mek, -mak eki getirilerek mastar yapılır. Mastarlar kişi ve zaman belirtmezler. Sözlükte ve yazım kılavuzunda fiillerin mastar halleri vardır.

Örnek:	Boya-mak,	at-mak,	temizle-mek,	süslen-mek...
	kök	kök	gövde	gövde

-mek, -mak eki yapım ekidir. -me, -ma halini alabilir.

Örnek: Artık gitme zamanı geldi.
└ isim (mastar)

Not: Olumsuzluk eki -me, -ma ile karıştırmayınız.

Hızlı koşma!
└ emir kipinin olumsuz hali

Fiillerin mastar hali isim kabul edildiğinden mastarlar ismin hallerine girebilirler.

Örnek:	Gülme-y-i	-->	(-i hali)	("y" kaynaştırma harfi)
	Gülme-y-e	-->	(-e hali)	("y" kaynaştırma harfi)
	Gülmek-te	-->	(-de hali)	(sertleşme olmuş)
	Gülmek-ten	-->	(-den hali)	(sertleşme olmuş)

-mek, -mak eki bir sözcüğün fiil olup olmadığını anlamaya da yarar.

Örnek:	Yüz-mek	-->	fiil
	Tut-mak	-->	fiil
	Yaş-mak	-->	fiil değil
	Koru-mak	-->	fiil
	Göz-mek	-->	fiil değil

FİİLLERDE KÖK, GÖVDE, TABAN

Fiillerde mastar eki veya çekim ekleri atıldığı zaman geride kalan kısma fiil tabanı denir. Fiil tabanı kök veya gövde halinde olabilir.

Örnek:	Açmak	-->	Aç	(kök durumunda çünkü basit sözcük)
	Açıklarım	-->	Açıkla	(gövde durumunda çünkü türemiş)
	Oturmak	-->	Otur	(kök - basit kelime)
	Seyretmek	-->	Seyret	(gövde - bileşik yapılı kelime)
	Temizlemek	-->	Temizle	(gövde - türemiş kelime)

Not: Bir fiilin yapısı sorulduğunda önce fiilin mastar hali bulunur, sonra mastar eki atılır; geriye kalan fiil tabanı incelenir.

Örnek:	geldik	-->	gelmek	-->	gel
	çekimli fiil		mastar		kök=basit fiil (yapısı)
	süslenmiş	-->	süslenmek	-->	süslen
	çekimli fiil		mastar		gövde=türemiş fiil
	gidiverdik	-->	gidivermek	-->	gidiver
	çekimli fiil		mastar		bileşik yapılı fiil

FİİLLERDE ZAMAN

Fiillerde geçmiş zaman, şimdiki zaman, gelecek zaman olmak üzere üç temel zaman vardır. Geniş zaman bu üç zamanı kapsar.

FİİLLERDE KİŞİ

Fiilin bildirdiği işi, hareketi, oluşu gerçekleştiren ya da konuşan, dinleyen, kendisinden söz edilen varlığa fiilin şahsı denir.

1. tekil kişi "Ben" (konuşan): Fiile -m, -im ekleri eklenmişse 1. tekil kişidir. (geldim, gitmişim...)

2. tekil kişi "Sen" (söz söylenen): Fiile -n, -sin ekleri eklenmişse fiil 2. tekil kişidir. (geldin, gitmişsin...)

3. tekil kişi "O" (sözü edilen): Genelde ek olmadan yapılır. (gelecek, geldi, gitmiş...) Emir kipinde -sin takısı alır. (gelsin, söylesin...)

1. çoğul kişi "Biz" (konuşanlar): Fiile -k, -iz, -lim takıları eklenmişse o fiil 1. çoğul kişidir. (geldik, okuruz, sevelim...)

2. çoğul kişi "Siz" (söz söylenenler): Fiile -niz, -siniz, -in, -iniz takıları eklenmişse o fiil 2. çoğul kişidir. (geldiniz, gitmişsiniz, okuyun, biliniz...)
(y: kay. h.)

3. çoğul kişi "Onlar" (sözü edilenler): Fiile -ler, -sinler ekleri eklenmişse o fiil 3. çoğul kişidir. (geldiler, okusunlar...)

Önemli not: -ler ekini çoğul ekiyle karıştırmamalıyız. Çoğul eki -ler isim soylu sözcüklerin sonuna gelir; bir fiilin sonuna gelmez.

FİİLLERDE KİP

Fiillerin zamana ve isteğe bağlı olarak türlü ekler alarak girdiği biçimlere kip denir.

Kipler ikiye ayrılır. Zaman bildirenlere haber kipleri, istek bildirenlere istek kipleri denir.

Türkçede toplam dokuz tane fiil kipi vardır.

FİİL KİPLERİ

Haber Kipleri
- -di'li geçmiş zaman (-di)
- -miş'li geçmiş zaman (-miş)
- şimdiki zaman (-(i)yor)
- gelecek zaman (-ecek)
- geniş zaman (-r)

Dilek Kipleri
- istek kipi (-e)
- dilek-şart kipi (-se)
- gereklilik kipi (-meli)
- emir kipi (-)

Not: Kip ekleri ve şahıs ekleri çekim ekleridir.

HABER KİPLERİ

1- -di'li geçmiş zaman: Fiil tabanına -di eki getirilerek yapılır. Olayın sözden önce ve kesin olarak gerçekleştiğini bildirir.

Şahıslara göre çekimlenmesi: oku-du-m, oku-du-n, oku-du, oku-du-k, oku-du-nuz, oku-du-lar

-di eki ünlü uyumuna göre -di, -dı, -du, -dü şekillerini alır; sertleşmeye uğrar.

Örnek: git-ti-m, koş-tu, öp-tü...

2- -miş'li geçmiş zaman: Olayın sözden önce olduğunu bildirir. Yani, -di'li geçmiş zaman gibidir. Fakat -miş'li geçmiş zamanda kesinlik yoktur. Masallarda ve emin olmadığımız şeylerde bu kip kullanılır.

Şahıslara göre çekimlenmesi: gel-miş-im, gel-miş-sin, gel-miş, gel-mis-iz, gel-miş-siniz, gel-miş-ler

3- Şimdiki zaman: İş ve oluşun şimdi yapıldığını veya geçmişten bu ana kadar devam ettiğini anlatır. Fiil tabanına -(i)yor eki getirilir. Bu ekin -yor kısmı ünlü uyumunu bozar.

Örnek: Ne görüyorsun? (Şimdi)
Yaşımız büyüyor. (Eylem devam ediyor.)

Şahıslara göre çekimlenmesi: gel-iyor-um, gel-iyor-sun, gel-iyor, gel-iyor-uz, gel-iyor-sunuz, gel-iyor-lar

Şimdiki zaman belirten bir fiil olumsuzluk eki yani -me, -ma alırsa olumsuzluk eki ünlü uyumuna göre -mı, -mi, -mu, -mü şekillerine girer.

Örnek: gelmiyorum, sormuyorum, yemiyorum, görmüyor...

Fiil tabanı **p, ç, t, k** harfleriyle bitiyorsa ve -iyor eki alıyorsa yumuşama görülür.

Örnek: gitmek > gidiyor

4- Gelecek zaman: Olay, olmadan önce anlatılacaksa bu kip kullanılır. Yani, anlatış önce, iş sonradır. Fiil tabanına -ecek, -acak eki getirilerek yapılır.

Örnek: Tatile çıkacağım.
└─yumuşama olmuş
Çiçekler daha çok büyüyecek.
└─ kay. harfi
Okula erken gideceğim.
└─yumuşama
└─ yumuşama

Şahıslara göre çekimlenmesi: gel-eceğ-im, gel-ecek-sin, gel-ecek, gel-eceğ-iz, gel-ecek-siniz, gel-ecek-ler

Not: Çekimlerken fiil tabanıyla ekler arasına kısa çizgiler koyuyoruz. Bu çizgiler fiil tabanını, zaman ekini ve şahıs ekini ayırt etmeniz için konmuştur. Hece ayırması değildir. Eğer fiil olumsuz olacaksa olumsuzluk eki fiil tabanından hemen sonra gelir. (Ör: otur-ma-(y)-acağ-ım) Yani önce olumsuzluk eki, sonra zaman eki, daha sonra şahıs eki gelir. Fiillere "değil" sözcüğü ile de olumsuzluk anlamı katabiliriz. (Ör: Kitabı okumuş değilim. > Okumadım. Henüz gitmiş değilim. > Gitmedim.)

5- Geniş zaman: Fiil tabanına -r eki getirilir. Belli bir zaman belirtmez; eylemin her zaman yapılabileceğini anlatır. (Ör: Bütün canlılar yaşar ve ölür. Öğretmen ders yapmayana kızar.)

-r eki sessiz harfle biten bir fiil tabanına eklenecekse ses türemesi olur. (Ör: görür, yapar, oturur...)

Geniş zamanı olumsuz yaparken r harfi kalkar. (Ör: gelmem, yapmaz, görmezsin, oturmaz...) Böyle olumsuz geniş zaman kiplerinde bazen hangi zamana ait olduğunu şaşırabiliriz. O durumda fiili önce olumlu hale getirir, ondan sonra zamanını buluruz. (Ör: Gülmez > Güler > Geniş zaman, III. tekil şahıs.)

Şahıslara göre çekimlenmesi: gel-(i)r-im, gel-(i)r-sin, gel-(i)r, gel-(i)r-iz, gel-(i)r-siniz, gel-(i)r-ler

Olumsuz halinin çekimlenmesi: gelmem, gelmezsin, gelmez, gelmeyiz, gelmezsiniz, gelmezler

DİLEK KİPLERİ

Bu kiplerde açık bir zaman kavramı yoktur. Dört şekilde inceleyebiliriz.

1- İstek kipi: Fiil tabanına -e, -a eki getirilerek yapılır. İstek bildirir.

Örnek: Tatile çıkalım.
Artık gideyim.
Sözlerimi unutmayasın.
└ kay. har.

Şahıslara göre çekimlenmesi: geleyim, gelesin, gele, gelelim, gelesiniz, geleler

Olumsuz halinin çekimlenmesi: gelmeyeyim, gelmeyesin, gelmeye, gelmeyelim, gelmeyesiniz, gelmeyeler

2- Dilek-şart kipi: Fiil tabanına -se, -sa eki getirilerek yapılır. Eylemin gerçekleşmesi şarta bağlı ise kullanılır.

Örnek: Çalışsam iyi olur.
Koşsan yetişirsin.

Şahıslara göre çekimlenmesi: gelsem, gelsen, gelse, gelsek, gelseniz, gelseler

Olumsuz halinin çekimlenmesi: gelmesem, gelmesen, gelmese, gelmesek, gelmeseniz, gelmeseler

3- Gereklilik kipi: Fiil tabanına -meli, -malı eki getirilerek yapılır. Eylemin yapılması gerektiğini anlatır.

Örnek: Ödevlerini yapmalısın.
Sınıfımızı geçmek için çok çalışmalıyız.

Şahıslara göre çekimlenmesi: gelmeliyim, gelmelisin, gelmeli, gelmeliyiz, gelmelisiniz, gelmeliler

Olumsuz halinin çekimlenmesi: gelmemeliyim, gelmemelisin, gelmemeli, gelmemeliyiz, gelmemelisiniz, gelmemeliler

4- Emir (buyrum) kipi: Kip eki yoktur. Kişi kendisine emir veremeyeceği için 1. tekil ve 1. çoğul kişileri yoktur.

Örnek: İçeri gel! (2. tekil şahıs)
Hemen gitsin! (3. tekil şahıs)
Şarkı söylesinler! (3. çoğul şahıs)
Bana bakınız! (2. çoğul şahıs)

Bu kip emir için kullanıldığı gibi yalvarma, dua, beddua, komut anlamlarında da kullanılır.

Örnek: Allah seni korusun!
Allah kahretsin!
Sola dön!

ÇALIŞMA:

Sarmak, konuşmak, açmak sözcüklerini bütün kiplere göre, olumlu ve olumsuz hallerine, soru hallerine göre çekimleyiniz.

"Götürmeyecek mi" - "Görüşmeli miyim" - "Sürüklemez misin" - "Oturmasın" çekimli fiillerini inceleyip, kiplerini, olumluluk ve soru durumlarını belirtiniz.

BİLEŞİK ZAMANLI FİİLLER

Üç şekilde yapılır:

1- Hikâye (öykü) biçimi: Haber veya dilek kiplerine -di (idi) eki getirilerek yapılır.

Örnek:
gidiyordu --> şimdiki zamanın hikâyesi
gelmişti --> miş'li geçmiş zamanın hikâyesi
(t: sertleşme)
oynasaydı --> dilek-şartın hikâyesi
geleydi --> istek kipinin hikâyesi
gidecekti --> gelecek zamanın hikâyesi
gelirdi --> geniş zamanın hikâyesi
gitmeliydi --> gereklilik kipinin hikâyesi
geldiydi --> di'li geçmiş zamanın hikâyesi

2- Rivayet (söylenti) biçimi: Haber veya dilek kiplerine -miş (imiş) eki getirilerek yapılır.

Örnek: gelmişmiş, gelecekmiş, geliyormuş, gelirmiş, gelseymiş, geleymiş, gelmeliymiş

Di'li geçmiş zamanın rivayet şekli yoktur.

3- Şart (koşul) biçimi: Haber kiplerine -se (ise) eki getirilerek yapılır.

Örnek: gelmişse, gelecekse, geldiyse, gelirse, geliyorsa

Dilek kiplerinin şartı olmaz.

ÇALIŞMA:

"Bitmek" fiilini; olumsuz, soru, geniş zamanın hikâyesi bileşik zamanının 3. tekil şahsı haline getiriniz. "Aldırmak" fiilini; olumsuz, gelecek zamanın rivayet bileşik zamanının 2. tekil şahsı haline getiriniz.

FİİLLERİN YAPISI

Fiiller yapılarına göre üçe ayrılır:

1- Basit fiiller
2- Türemiş fiiller
3- Bileşik fiiller

1- Basit fiiller: Başka bir kelimeden türememiş ve birleşmemiş, kök durumunda olan fiillerdir. Fiillerin çekim ekleri ayrıldıktan sonraki bölümü kök halinde ise ve -mak mastar eki alabiliyorsa o fiil basit fiildir.

Örnek:	gelmez	-->	gel (basit)
	almış	-->	al (basit)
	yürür	-->	yürü (basit)
	korkmasın	-->	kork (basit)

2- Türemiş fiiller: Fiillerin olumsuzluk, mastar ve çekim ekleri ayrıldıktan sonraki kısmı yapım eki almışsa bu fiil türemiş fiildir.

Fiil türeten yapım eklerine ve türemiş fiillere örnekler:

-le	: başlamak, otlamak, temizlemek, inlemek, gürlemek...
-len	: evlenmek, kirlenmek, sinirlenmek, seslenmek...
-leş	: sözleşmek, birleşmek, katılaşmak...
-(e)l	: düzelmek, boşalmak, daralmak, yükselmek... ("yüksek" k düşmüş)
-(a)r	: morarmak, başarmak, koparmak...
-e	: türemek, yaşamak, kanamak...
-se	: susamak, önemsemek, umursamak...
-ik	: birikmek, gecikmek, gözükmek...
-in	: bulunmak, silinmek, sürünmek...
-il	: seçilmek, üzülmek, yıkılmak...
-iş	: gelişmek, görüşmek, çıkışmak...

-ir : içirmek, düşürmek, uçurmak...
-i : kazımak, sürümek...
-dir : bildirmek, koşturmak, güldürmek...
-t : sürtmek, su-la-t-mak...

iki yapım eki var

3- Bileşik fiiller: Üç şekilde inceleyebiliriz.

a) Yardımcı fiille yapılan bileşik fiiller: İsim soyundan olan kelimelerden sonra etmek, eylemek, olmak yardımcı fiilleri getirilerek yapılır.

Örnek: Yardımcı olmak, gayret etmek, iyi olmak, kâr etmek, memnun olmak, yemin etmek, yolcu etmek...

Bu tür fiiller yüklem görevindeyken birbirinden ayrılmazlar. Örneğin, "Annem, babamı yolcu etti." cümlesinin yüklemi sorulduğunda "yolcu etti" cevabını vermeliyiz. Yardımcı fiille yapılan bileşik fiiller genelde ayrı yazılırlar. Ancak, ses türemesi veya hece düşmesi varsa bitişik yazılırlar.

Örnek: hissetmek, affetmek, halletmek, zannetmek... (ses türemesi olduğundan bitişik yazılmış)

şükür --> şükretmek
seyir --> seyretmek
sabır --> sabretmek
keşif --> keşfetmek

Hece düşmesi olduğundan bitişik yazılmışlar.

b) Deyim halinde olan bileşik fiiller: Kulak kabartmak, göze gelmek, dili dolaşmak, yorgun düşmek...

Bunlar ayrı yazılırlar ama cümle içinde anlam olarak ayrılmazlar, yüklem durumunda birlikte söylenirler.

Örnek: "Büyüklerinin sözlerine kulak kabarttı." cümlesinin yüklemi "kulak kabartmak"tır.

c) Kurallı bileşik fiiller:

Tezlik bildirenler fiil tabanı+vermek şeklinde yapılırlar.

Örnek: gidivermek, alıvermek, tutuvermek, uyuyuvermek...

Sürerlik bildirenler fiil tabanı+e+durmak veya fiil tabanı+a+kalmak şeklinde yapılırlar.

Örnek: yazadurmak, bakakalmak, yürüyedurmak, uyuyakalmak..

Yeterlik bildirenler fiil tabanı+e+bilmek şeklinde olur.

Örnek: gidebilmek, oturabilmek, yazabilmek, gelebilmek...

Olumsuz şeklinde -bilmek bölümü ortadan kalkar: gidememek, oturamamak, yazamamak, gelememek...

Yaklaşma bildirenler fiil tabanı+e+yazmak şeklinde yapılır.

Örnek: düşeyazmak ("neredeyse düşmek" anlamında), öleyazmak ("neredeyse ölmek" anlamında)...

EKFİİLLER

İsim soyundan kelimelerin (isim, sıfat, zamir gibi) sonlarına gelerek onların yüklem olmalarını sağlayan parçalara ekfiil denir. Yüklemi ekfiille yapılmış olan cümleler de fiil değil isim cümlesi olurlar.

Ekfiilin dört kipi vardır:

1- -di'li geçmiş kipi:

öğrenci+idim	->	öğrenciydim	öğrenciydik
		öğrenciydin	öğrenciydiniz
		öğrenciydi	öğrenciydiler (öğrencilerdi)

2- -miş'li geçmiş kipi:

hasta+imişim	->	hastaymışım	hastaymışız
		hastaymışsın	hastaymışsınız
		hastaymış	hastaymışlar (hastalarmış)

3- Şart (koşul) kipi:

kötü+isem	->	kötüysem	kötüysek
		kötüysen	kötüyseniz
		kötüyse	kötüyseler (kötülerse)

4- Geniş zaman kipi:

tembel+im	-->	tembelim	tembeliz
		tembelsin	tembelsiniz
		tembeldir	tembeldirler (tembellerdir)

ÖRNEK CÜMLELER

Doğu Anadolu çok soğukmuş.
Geldiğimin üçüncü günüydü.
Onlar çok mutluymuşlar.
Onu tanımıyorsun, ya güzelse...

Ekfiilin olumsuz hali için "değil" edatı kullanılır.

Örnek:	güzelim	-->	güzel değilim
	iyisin	-->	iyi değilsin
	çocuktur	-->	çocuk değildir

10. BÖLÜM

ZARF - EDAT - BAĞLAÇ - ÜNLEM

ZARF (BELİRTEÇ)

Zarflar isim soylu kelimelerdir. Fiil ve fiilimsilerden, sıfatlardan ya da bir başka zarftan önce gelip bu sözcüklerin anlamını zaman, yer-yön, durum ve azlık-çokluk bakımlarından belirten sözcüklere zarf denir. Daha çok fiilleri belirttikleri için onlara eylem sıfatı da diyebiliriz. Niteleme sıfatlarının çoğu zarf olarak da kullanılabilir. Yalnız, sıfatlar isimleri nitelerler ve sıfat tamlaması oluştururlar.

Örnek: 1- "Çok kitap" derken "çok" sıfat görevindedir.
"Çok okuyor." derken ise zarf oluşturmuştur.

2- "Güzel ev" derken "güzel" kelimesi sıfattır.
"Güzel konuşuyor." derken ise zarf oluşturmuştur.

Zarflar anlamları ve görevleri bakımından beş gruba ayrılır:

- Zaman Zarfları
- Durum Zarfları
- Yer-yön Zarfları
- Azlık-çokluk Zarfları
- Soru Zarfları

1- Zaman Zarfları: Bunlar eylemin zamanını belirtirler. Yükleme "ne zaman" sorusunu sorarak zaman zarfını bulabiliriz.

Örnek:	Yarın gelirim.	Ansızın öfkelendi.
	Sabah yola çıktık.	Sonradan kalktı.
	Kışın gideriz.	Aylarca aramadı.
	Şimdilik kalsın.	Daha gitme.
	Geç varacağız.	Gündüz çalışırız.

2- Durum Zarfları: Eylemin nasıl yapıldığını ya da yapılacağını bildirirler. Yükleme "nasıl" sorusunu sorarak zaman zarfını bulabiliriz.

Örnek:	Şarkıyı güzel söyledi.	Yavaşça söyle.
	Konuyu iyi anladım.	Ağlayarak anlattı.
	Kapı kapı gezdik.	Uzun uzun sarıldık.
	Tertemiz giyinir.	Benimle doğru konuş.

3- Yer-yön Zarfları: Genellikle eylemin yönünü belli ederler.

Örnek:	Aşağı inelim.	Geri dönelim.
	İçeri girdim.	Yukarı çıkalım.
	İleri yürü.	Dışarı çıktı.

4 - Azlık-çokluk Zarfları: Eylemin, sıfatın ya da başka bir zarfın ölçüsünü bildirirler.

Örnek:	En iyi arkadaşım sensin.	Daha çok çalışmalıyız.
	Biraz çalıştım.	Gece çok az uyudum.
	Çok yoruldum.	Fazla üzülmedim.

5 - Soru Zarfları: Eylemleri soru yoluyla belirtirler.

Örnek:	Nasıl gelip, nasıl gittiniz? (gelip: └ fiilimsi)	Ne kızıyorsun?
	Niçin konuşmuyorsun?	Hani gelecektiniz?

Zarflar yapılarına göre üç gruba ayrılırlar:

- Basit Zarflar: Yapım eki almamış zarflardır.
  Ör: geç, güzel, yarın, en, çok, dün...
- Türemiş Zarflar: Yapım eki almışlardır.
  Ör: sabah-leyin, günler-ce, kış-ın, er-ken, an-sızın
- Bileşik Zarflar: En az iki sözcükten oluşan kaynaşmış ya da öbekleşmiş

zarflardır.
Örnek: biraz, birçok, bugün... (kaynaşmış)
er geç, şöyle böyle, daha çok, uzun uzadıya,
sabaha doğru... (öbekleşmiş)

Tamamlayıcı Bilgiler:

Zarflar çekim eki almazlar.

Örnek: Eskiden çalışırdı.
Çoktan yoruldum.
Sonradan gördüm.

Buradaki -den ekleri yapım ekleridir.

Bir zarfı cümlede çekim eki almış olarak görürsek onu isim sayabiliriz.

Örnek: İçeri-y-e girelim.
Topum yukarı-da kaldı.
Aşağı-y-ı temizledim.

Yer zarfları değil, yer isimleridir.

EDAT (İLGEÇ)

Fiiller ve isimler dilin temel sözcükleridir ve açık seçik birer anlamları vardır. İsimler dışındaki zamir, sıfat ve zarflar da isim soylu kelimelerdir ve anlamları vardır. Edatların ise tek başlarına bir anlamları yoktur. Söz içinde anlam kazanırlar. İle, -le, kadar, gibi, için, dek, göre... gibi kelimelerdir. Cümle içinde sözcükler arasında ilişki kurarlar. Cümleden çıkarıldıklarında cümlenin anlamı bozulur.

Örnek:	Gitmediğin için üzülmüş.	("İçin" edatı "neden" ilişkisi kurmuştur.)
	Çocuklar gibi şendik.	("Gibi" edatı benzerlik ilişkisi kurmuştur.)
	Antalya'ya uçakla gittik.	("İle" edatı araç ilişkisi kurmuştur.)
	Senin kadar akıllıydı.	("Kadar" edatı eşitlik ilişkisi kurmuştur.)
	Sabaha dek çalıştı.	("Dek" edatı süre ilişkisi kurmuştur.)

Yukardaki bütün örneklerde edat çıkarıldığında anlamın bozulduğuna dikkat ediniz.

Soru eki olan "mi" de ek durumunda bir edattır.

Örnek: Geldin mi?, Bu benim mi?...

BAĞLAÇ

Bağlaçlar da çünkü, ama, ve, ile, ki, sanki, de... gibi kelimelerdir. Tek başlarına anlamları yoktur. Edatlara benzerler. Yalnız, bağlaçlar ilişki kurmaz. Eş görevli sözcükler ile anlamca ilgili cümleleri birbirine bağlarlar.

Örnek:

Bugün iyi çalıştım çünkü yarın sınav var. (İki cümleyi bağlıyor)
Geldim ama seni bulamadım. (İki cümleyi bağlıyor.)
Kırları, ağaçları ve kuşları çok severim. (Eş görevli sözcükleri bağlıyor.)
Şima ile Mısra sinemaya gitti. (Eş görevli sözcükleri bağlıyor.)
Öyle yoruldum ki anlatamam. (İki cümleyi bağlıyor.)
Seni çok sevdim sanki uzun süredir seni tanıyorum. (İki cümleyi bağlıyor.)
Şimdi gitsek de görüşemeyiz. (İki cümleyi bağlıyor.)
Bana kitap da lâzım, sözlük de lâzım. (İki cümleyi bağlıyor.)

"mi" eki soru anlamı taşımıyorsa cümle bağlıyorsa bağlaçtır.

Örnek:

Yaz geldi mi tatile çıkarız. (Bağlaç)
Onu gördüm mü neşem gelir. (Bağlaç)
İçeriye girmiş mi? (Burada "mi" soru eki, edattır.)

Önemli Notlar:

1-) "İle" sözcüğü bazı durumlarda edat, bazen bağlaçtır. Bunu cümledeki kullanımına göre ayırt edebiliriz. Bağlaç olan "ile"yi cümleden çıkartırsak anlam bozulmaz. Edat olan "ile"yi cümleden çıkartırsak anlam bozulur. Başka bir yöntem ise "ile" yerine "ve" getirmektir. Eğer "ve" getirdiğimizde anlam bozulmuyorsa "ile" bağlaçtır. Aksi halde edattır.

Örnek:

Annem ile kardeşim çarşıya çıktı. (Bağlaçtır. Çıkartırsak, veya yerine "ve" getirirsek anlam bozulmaz.)
Çarşıda annemle karşılaştım. (Edattır. Çıkartınca anlam bozulur.)
Tren ile Ankara'ya gittik. (Edattır. Çıkartınca anlam bozulur.)

2-) "De" bağlacı bir sözcüktür. Ayrı yazılır. Sertleşmeye uğramaz. Bunu ismin -de hali ile karıştırmayalım.

Örnek:

Kitapta okudum. (İsmin -de halidir. Sertleşmeye - ünsüz benzeşmesine - uğramıştır.)
Çarşıdan kitap da aldım. (Bağlaçtır. Bağlacı cümleden çıkartırsak anlam pek bozulmaz.)

İsmin -de halini cümleden çıkartırsak anlam tamamen bozulur. Yukardaki son örnekte bu durumu inceleyiniz.

Bir de sıfat türeten, yapım eki görevinde olan, -de eki vardır. Bu ek bitişik yazılır.

Örnek: Tavada balık, yağda köfte...

3-) -ki bağlacı da bir sözcüktür. Ayrı yazılır. Genelde iki cümleyi birbirine bağlar. Bunu sıfat türeten -ki yapım eki ve ilgi zamiri olan ki ile karıştırmayalım. Bunlar bitişik yazılır.

Örnek: Öyle çok yazı yazdım ki kolum ağrıdı. (Bağlaç)
Sokaktaki lâmba bozuldu. (Sıfat türeten -ki yapım eki)
└ sıfat tam. ┘
Benim kalemim kırıldı, seninkini alabilir miyim? (İlgi zamiridir. Kalem sözcüğünün yerine geçmiş.)

Ayrıca, ki bağlacı bazı sözcüklerin yapısına girip kaynaşmıştır: halbuki, mademki, oysaki...

ÜNLEM

Ünlemler, bir duyguyu kısa ve canlı olarak dile getiren sözcüklerdir. Bu nedenle cümle değerinde sözcüklerdir. İki grupta ele alabiliriz:

1-) Sevinç, üzüntü, acıma, kızgınlık, korku, beğenme, özlem gibi duyguları dile getirirler: Eyvah!, Hey!, Vah vah!, Of!, Öfff!, Vay!, Oooo!, Yaa!, Bravo!, Yazık!, İmdaat!...

2-) Yansıma ünlemleri: Çat çat!, Güm güm!, Paldır küldür!, Gürrr!, Miyaav!, Hav hav!, Meee!, Kukurikuuu!...

Bu saydığımız asıl ünlemler dışında coşkulu söylenmiş eylemler, komutlar, hitaplar cümle içinde vurgulu söyleyişe göre ünlem olarak kullanılabilirler.

Örnek: Ey Türk gençliği!... Asla!...
Çabuk ol! Ateş!
Hadi koş! Eh, fena olmamış!
Giriniiiz! Ay, ne güzel!
Burası cennet!

11. BÖLÜM

CÜMLE (TÜMCE) BİLGİSİ VE CÜMLENİN (TÜMCENİN) ÖĞELERİ

Cümleler, birer anlatım (yargı) birimidir. Bir düşünceyi, bir duyguyu, bir dileği ya da bir haberi tam olarak bildiren sözcük dizisine cümle (tümce) denir.

Örnek: Birbirini sevmek ve yardım etmek, hayatı güzelleştirir.
(Düşünce bildiriyor.)

Çocukluk günlerimi öyle arıyorum ki anlatamam.
(Duygu bildiriyor.)

İnşallah, sınavda kolay sorular gelir.
(Dilek bildiriyor.)

Mersin'de olan kazada can kaybı olmadı.
(Haber bildiriyor.)

Bir cümledeki sözcük sayısı anlatılan şeyin uzun ya da kısa olmasına bağlıdır. En kısa cümle tek sözcükten oluşur. Bunlar çekimli eylemler (fiiller) veya ekfiil almış isim soylu kelimelerdir. Ünlemler veya bir soruya verilen cevaplar da cümle değerinde sözcüklerdir.

Örnek:

* Giderim. * Konuşuruz. * Sevdim.	Çekimli fiiller	* İyiyim. * Öğrenciyim. * Güzelmiş. * Sensin.	Ek fiil almış isim isim soylu sözcükler
* Eyvaah!.. * İmdaat!.. * Aferin!	Ünlemler		

Gitmek ister misin?
* Evet. (Soruya cevap olarak verilmiş.)
Kitabın var mı?
* Var. (Soruya cevap olarak verilmiş.)

CÜMLENİN ÖĞELERİ

Sözcük ya da sözcük öbekleri, cümle içinde belli görevler yüklenirler. Sözcüklerin bu görevlere göre aldığı isme (öğe) adı verilir.

Cümlede üç tür öğe bulunur: Yüklem, özne, tümleçler. Yüklem ve özne cümlenin temel öğeleridir. Yüklemsiz cümle kurulamaz. Yani en önemli öğe yüklemdir. Özne ve yüklem dışındaki öğeler yardımcı öğelerdir.

1- YÜKLEM: Öznenin yaptığı işi, hareketi, oluşu gösteren ya da cümleyi bir yargıyla sonuca bağlayan sözcüklere yüklem denir. Türkçe'de çekimli fiiller, ekfiil almış ad soylu (isim, sıfat, zamir, zarf) sözcükler, tamlama ve sözcük grupları, deyimler, yüklem görevi üstlenirler.

Ör: Kitapları çantama koydum. (Yüklem çekimli fiil)

Senin istediklerin bende yoktu. (Yüklem ekfiil)

Bana yardım etmelisin. (Yüklem bileşik fiil)

Önemli olan mutlu olmaktır. (Yüklem bileşik fiil)

Öğrenciler birer çiçektir. (Yüklem ekfiil almış bir isim)

En büyük Türk, Atatürk'tür. (Yüklem ekfiil almış bir özel isim)

En iyisi, benim öğretmenimdir. (Yüklem bir isim tamlaması)

Balcan, güzel kızdır. (Yüklem bir sıfat tamlaması)

Senin ismin nedir? (Yüklem bir zamir)

Alfabenin ilk harfi A'dır. (Yüklem bir harf adı)

Kitaba şöyle bir göz attım. (Yüklem bir deyim)

O gördüğün şey, yaprakları dökülmüş eski bir çınar ağacıydı.
(Yüklem bir tamlama grubu)

Yüklem bulurken tamlama ve deyim halinde olanlara dikkat etmeliyiz. Tamlamayı ve deyimi bölemeyiz. Tamlamanın veya deyimin tamamı yüklem olur.

2- ÖZNE: Cümlede yüklemin belirttiği işi, oluşu, hareketi yapan varlığa (özne) denir. Özne daima yalın halde bulunur. İsmin hal eklerini almaz. Tekil veya çoğul olabilir. İsimler, zamirler, isim tamlamaları, sıfat tamlamaları, mastar halindeki fiiller özne görevine girerler.

Bir cümlede özneyi bulabilmek için yüklem -en biçimine getirilir ve "......... ne?, ... kim?" soruları sorulur. Alınan cevap özneyi verir.

Örnek:

Okumak, çok faydalıdır.
(Faydalı olan ne? Okumak)
Özne mastar halinde bir fiil

Çoban sürüleri otlatıyordu.
(Otlatan kim? Çoban)
Özne bir isim

Benim öğrencim en iyiyi hakediyor.
(Hakeden kim? Benim öğrencim)
Özne bir isim tamlaması

Ben eskiden çok yaramazdım.
(Yaramaz olan kim? Ben)
Özne bir zamir

İlkbahar gelince ağaçlar çiçek açar.
(Çiçek açan ne? Ağaçlar)
Özne çoğul bir isim

İyi insanlar sonunda kazançlı çıkarlar.
(Kazançlı çıkan kim? İyi insanlar)
Özne bir sıfat tamlaması

Bazı cümlelerde özne açıkça görülmez. Yüklemin içinde kişi eki olarak yer alır. Böyle öznelere "gizli özne" denir.

Örnek: "Ben çok yoruldum." yerine, sadece "Çok yoruldum." diyebiliriz.

Arkadaşıma yolda rastladım. (Rastlayan kim? Ben)

"Ben" kelimesi cümlede yer almadığı halde yüklemin kişi ekinden öznenin "ben" olduğu belli oluyor. Yani gizli öznedir.

Yemeğini çabuk yemelisin. (Kim yemeli? Sen)
Gizli özne

Akşama sinemaya gideriz. (Giden kim? Biz)
Gizli özne

Her zaman böyle yapıyorlar. (Yapan kim? Onlar)
Gizli özne

Özne - Yüklem Uygunluğu

Genellikle özne ile yüklem arasında tekillik - çoğulluk ve kişiler bakımından uygunluk bulunur. Örneğin, özne tekilse yüklem de tekil; özne çoğulsa yüklem de çoğul olur.

Ben çok kitap okurum. (uyum var)
tekil tekil

Arkadaşım dondurma sever. (uyum var)
tekil tekil

Amcamlar seyahate çıktılar. (uyum var)
çoğul çoğul

Müfettişler okulları teftiş ettiler. (uyum var)
çoğul çoğul

Bizleri uğurladı. (uyum var)
tekil (Özne, gizli özne "O" - tekil)

Mehmet ve ben okula gittim. (uyum yok)
çoğul tekil

Özne hangi kişi ise, yüklem de o kişinin ekini alır.

Örnek: Biz böyle olaylara kulak asmayız.
1.çoğul kişi 1.çoğul kişi

Sen en çok oynamayı seversin.
2.tekil kişi 2.tekil kişi

Bazı hallerde çoğul öznelerin tekil yüklemleri olabilir. Bu durumlar şunlardır:

a) Organ adları özne olduğunda

Örnek: Bacaklarım ağrıyor.
Özne Yüklem
Gözlerim iyi görmüyor.
Özne Yüklem
Kulakları duymuyor.
Özne Yüklem

b) Mastarların çoğulları özne olursa

Örnek: Görüşmeler iyi geçti.
Özne Yüklem
Çalışmalar hızlandı.
Özne Yüklem

c) Cansız varlıklar özne olursa

Örnek: Sular kesildi.
Özne Yüklem
Kitaplar kapansın.
Özne Yüklem
Işıklar kesildi.
Özne Yüklem

d) Bitki ve hayvanlar özne olursa

Örnek: Yapraklar dökülüyor.
Özne Yüklem
Otlar kurudu.
Özne Yüklem
Kuşlar göç eder.
Özne Yüklem
Bahçedeki ağaçlar kurudu.
Özne Yüklem

Dışardan garip sesler geliyor.
Özne Yüklem

e) Zaman adları özne olursa

Örnek: Saatler ne çabuk geçti.
Özne Yüklem
Günler uzadı.
Özne Yüklem
Yıllar su gibi akıyor.
Özne Yüklem

f) İnsanlar bir topluluk olarak düşünülüyorsa

Örnek: İşçiler grev yaptı.
Özne Yüklem
Türkler kahramanlıklarıyla meşhurdur.
Özne Yüklem

3- TÜMLEÇLER: Özne ve yüklemin dışında kalan, cümlenin anlamını yer, zaman, durum, neden ... gibi yönlerden tamamlayan yardımcı öğelerdir. Dörde ayrılırlar:

a) Nesne b) Dolaylı tümleç c) Zarf tümleci d) Edatlı tümleç

a) Nesne: Öznenin yaptığı işten etkilenen, eylemin konusu olan varlığa "nesne" denir. İki çeşittir: Belirtili nesne, belirtisiz nesne.

Belirtili Nesne: İsmin (-i) halinde bulunur. Belirtili nesneyi bulmak için özne ile yüklem arasına "neyi?, kimi?" soruları getirilir. Cevap belirtili nesnedir.

Örnek: Kaan çiçekleri suladı. (Kaan neyi suladı? Çiçekleri – > Belirtili nesne)

Pınar ödevini bitirdi. (Pınar neyi bitirdi? Ödevini – > Belirtili nesne)

Didem, Şima'yı çağırdı. (Didem kimi çağırdı? Şima'yı – > Belirtili nesne)

Belirtili nesne bazen tamlama şeklinde de olabilir.

Örnek: Namık, pencerenin camını kırdı.
(Namık neyi kırdı? Pencerenin camını – > Belirtili nesne)

Ben, sarı elbiseyi seçtim.
(Ben neyi seçtim? Sarı elbiseyi – > Belirtili nesne)

Belirtisiz Nesne: Yalın haldedir. Belirtisiz nesneyi bulmak için özne ile yüklem arasına "ne?, kim?" sorularından uygun olanı getiririz.

Örnek: Ali kitap okuyor. (Ali ne okuyor? Kitap – > Belirtisiz nesne)

İsmet çorba içiyor. (İsmet ne içiyor? Çorba – > Belirtisiz nesne)

Bahçeden bir sepet çilek topladım. (Ben ne topladım? Bir sepet çilek – > Belirtisiz nesne (tamlama halinde) Ben – > Gizli özne)

b) Dolaylı Tümleç: Cümlede ismin -e, -de, -den hallerinde bulunur. Eylemin başladığı, yöneldiği, yapıldığı yeri gösteren tümleçlerdir. Özne ile yüklem arasına "nereye?, nerede?, nereden?" ya da "kime?, kimde?, kimden?" sorularından uygun olanı getirilir. Bunların cevabı dolaylı tümleci verir.

Örnek: Ben evden geliyorum.
(Ben nereden geliyorum? Evden – > Dolaylı tümleç)

Teyzemler Ankara'da oturuyor.
(Teyzemler nerede oturuyor? Ankara'da – > Dolaylı tümleç)

Yarınki geziye gitmeyeceğim.
(Ben nereye gitmeyeceğim?
Yarınki geziye – > Dolaylı tümleç)
sıfat tam.

Kitabım amcamlarda kaldı.
(Kitabım nerede veya kimde kaldı? Amcamlarda – > Dolaylı tümleç)

c) Zarf Tümleci: Cümlede yüklemi zaman, yer, durum, azlık-çokluk yönlerinden belirten gruplara zarf tümleci denir. Yani zarflar, cümlede zarf tümleci olurlar. Zarf tümleçlerini bulmak için özne ile yüklem arasına "ne zaman?, nere?, nasıl?, ne kadar?" gibi soruların uygun olanı getirilir.

Örnek: Siz yavaş yavaş gidebilirsiniz.
(Siz nasıl gidebilirsiniz? Yavaş yavaş --> Zarf tümleci)

Biz yola akşam çıkalım.
(Biz yola ne zaman çıkalım? Akşam --> Zarf tümleci)

Ben bugün çok yoruldum.
(Ben ne kadar yoruldum? Çok --> Zarf tümleci)
(Ben ne zaman çok yoruldum? Bugün --> Zarf tümleci)

Herkes yukarı gelsin!
(Herkes nere gelsin? Yukarı --> Zarf tümleci)

d) Edatlı Tümleç: Edatlı sözler veya sözcük gruplarıdır. Edatlı tümleçleri bulmak için "ne ile?, ne için?, nereye doğru?, nereye kadar?" sorularından uygun olanı kullanılır.

Örnek: Ben seni bulmak için geldim.
(Ben ne için geldim? Seni bulmak için --> Edatlı tümleç)

Bodrum'a arabayla gideceğiz.
(Biz ne ile gideceğiz? Arabayla --> Edatlı tümleç) (Biz --> Gizli özne)

Şişli'ye kadar yürüdüm.
(Ben nereye kadar yürüdüm? Şişli'ye kadar --> Edatlı tümleç)
(Ben --> Gizli özne)

UYGULAMA

Aşağıdaki cümlelerin çözümlemesini yapınız:

1- Bir zamanlar Afrika'da vahşi yerliler yaşarmış.
2- Arkadaşım ile annesi beni evlerine sevinerek kabul ettiler.
3- Sabah kahvaltısından sonra evde yalnız kaldım.
4- Fırtına, gece yarısından sonra şiddetini iyice artırmıştı.
5- El, elin eşeğini türkü çağırarak arar.

12. BÖLÜM

TÜMCE (CÜMLE) ÇEŞİTLERİ

TÜMCE (CÜMLE) ÇEŞİTLERİ

Öğelerin Dizilişine Göre:	Yüklemine Göre:	Yapısına Göre:	Anlamlarına Göre:
- Düz cümle (kurallı)	-Eylem cümlesi	- Basit cümle	- Olumlu cümle
- Devrik cümle (kuralsız)	-Ad cümlesi	- Bileşik cümle	- Olumsuz cümle
		- Sıra cümlesi	- Soru cümlesi
		- Bağlı cümleler	- Ünlem cümlesi
			- Emir (buyruk) cümlesi
			- Dilek cümlesi
			- Koşullu (şarta bağlı) cümleler

1- ÖĞELERİN DİZİLİŞİNE GÖRE CÜMLELER

a) Düz Cümle (kurallı): Yüklemi sonda olan cümledir.

Örnek: Sabaha karşı Ankara'ya vardık.
Çiçeklere baktıkça içim açıldı.

b) Devrik Cümle (kuralsız): Yüklemi sonda olmayan, başta ya da ortada olan cümledir. Manzumelerde (şiir gibi) ve günlük konuşmalarda devrik cümleye daha sık rastlanır.

Örnek: Değerli bir insandı o.
yüklem
İmdat! diye bağırdı kadın.
Arada bir işim düşer buraya.
yüklem
Al beni de yanına.
Ek tohumun hasını, çekme yiyecek yasını. (Atasözü)

2- YÜKLEMİNE GÖRE CÜMLELER

a) Eylem (fiil) Cümlesi: Yüklemi çekimli bir fiil olan cümlelerdir.

Örnek: Güneşin batışını uzun uzun seyrettik. (di'li geçmiş zaman, 1. çoğul şahıs; mastar hali: seyretmek)
Bugün hafif bir yağmur çiseliyor. (Şimdiki zaman, 3. tekil şahıs; mastar hali: çiselemek)

Örneklerde de görüldüğü gibi, çekimli fiillerde zaman ve şahıs eki atıldıktan sonra eylem bildiren kısım kalır ve bu da mastar haline sokulabilir.

b) Ad (isim) Cümlesi: Yüklemi, ekfiil almış isim soylu sözcük olan cümlelerdir. İsim soylu sözcükler (isim, sıfat, zamir, zarf, mastar ve edatlı öbekler) sonlarına -di, -dir, -miş, -im, -sin, -iz, -siniz, -dirler gibi ekeylemler alarak yargı oluştururlar.

Örnek: O defter benimdir. (Zamir ekfiil almış. -dir ekini atarak mastar getirmeye çalışalım. Benimmek olamayacağına göre bu kelime fiil değildir ve cümle de isim cümlesidir.)
Babam evde değildi. ("Evdeydi"nin olumsuz hali. -di ek fiilini atalım. "Evde değilmek" olamaz. Demek ki isim cümlesi.)
Pencerede birkaç saksı vardı. (Vardı=Var olmak. -dı ek fiilini atalım. Varmak haline dönüştürürsek elde edilen kelime "ulaşmak" anlamındaki varmak ile sesteştir. Buradaki var mastar almaz; isim soyludur. Bu da isim cümlesidir. "Babam Ankara'ya vardı." deseydim vardı=ulaştı anlamında olduğu için fiil cümlesi olurdu.)

Bütün öğrencilerim çalışkandırlar. (-dırlar ekfiilini atalım. Çalışkanmak olamaz. Bu da bir isim cümlesidir.)

Bazen anlam açık seçikse ekfiil kullanılmaz.

Örnek: Ali burada yok -(tur). (İsim cümlesi)
Benim dostum çok -(tur). (İsim cümlesi)

3- YAPILARINA GÖRE CÜMLELER

a) Basit Cümle: İçinde eylemsi (fiilden türemiş kelime) olmayan tek bir eylem ya da yargı bildiren cümlelerdir.

Örnek: Bahçemizdeki ağaçlar yeşerdi.
Sokaktan sesler geliyor.
Ak akçe, kara gün içindir.

b) Bileşik Cümle: İçinde eylemsi (fiilimsi) bulunan cümleler birden çok eylem veya yargı bildirirler. Bu tür cümlelerde asıl yargıyı bildiren bölüme temel cümlecik, onun anlamını tamamlayan yargıları bildiren bölüme ise yan cümlecik denir.

Örnek: Çok yürümekten, bacaklarım ağrıdı.
eylemsi
yan cümle — temel cümle

Dersimi bitirip, sokağa çıktım.
fiilimsi
yan cümle — temel cümle

Güneş batınca, üşümeye başladım.
Hızlı koşan, çabuk yorulur.

c) Sıra Cümleleri: Aralarında anlam bağı bulunan, birbirlerinden virgül ya da noktalı virgülle ayrılan cümleler dizisine sıra cümleleri denir.

Örnek: İlkbaharda yapraklar yeşerir, çiçekler açar, kuzular meleşir, her yer güzelleşir.
Dağ dağa kavuşmaz, insan insana kavuşur.

Not: Bileşik cümlelerde de araya bazen virgül konabilir. Sıra cümlelerinin farkı; virgülle ayrılan her cümle kendi başına bir cümledir ve sonunda çekimli bir fiil vardır.

Örnek: "Cahile lâf anlatmak, deveye hendek atlatmaktan güçtür." cümlesini virgülden bölüp bakalım: "Cahile lâf anlatmak" kendi başına bir cümle değildir; çünkü "anlatmak" sözcüğü çekimli bir fiil değildir. Demek ki bu cümle bir sıra cümlesi değil, bileşik cümledir.

"Balıkçı, bulutlara bakar, rüzgârı dinler, havanın nasıl olacağını anlardı." cümlesinde virgülle ayrılan bölümlere bakalım: "Balıkçı bulutlara bakar." "Rüzgârı dinler." bölümleri kendi başlarına birer cümledir, çünkü her birinin sonunda çekimli bir fiil vardır. Yani, bu bir sıra cümlesidir.

d) Bağlı Cümleler: Aralarında anlam ilişkisi bulunan ve birbirlerine bağlaçlarla (fakat, ama, çünkü, hem, ki...) bağlanan cümlelerdir.

Örnek: Çok akıllıydı ama iyi çalışmıyordu.
Çok aradım fakat onu bulamadım.
Öyle yoruldum ki hemen oturmalıyım.
Bir işe ya başlamamalı, ya da o işi iyi yapmalıyız.
Ne kendi geldi, ne de haber yolladı.

4- ANLAMLARINA GÖRE CÜMLELER

a) Olumlu Cümleler: Eylemin yapıldığını, yapılacağını veya olduğunu, olacağını bildiren cümlelerdir.

Örnek: Yakında tatil olacak.
O çok güzel bir kitaptır.
Derslerime çok çalışmalıyım.
Bu bahçe bizimdir.

Önemli Not: Bazen iki olumsuz kelime yan yana gelir ve olumlu anlam verir.

Örnek: O terbiyesiz değildir. (Anlam: O terbiyelidir.)
olumsuz olumsuz

b) Olumsuz Cümleler: Eylemin yapılmadığını, yapılmayacağını ya da olmadığını, olmayacağını bildiren cümlelerdir.

Çeşitli yollarla olumsuz cümle yapılır:

* -me olumsuzluk ekiyle:

Örnek: Adana'ya hiç gitmedim.

Kalemini bana vermiyor.
└ ses daralması

Sınava çalışmamış.
Düşenin dostu olmaz.

* "Yok" sözcüğü ile:

Örnek: Burada kimse yoktu.
Bugün hiç param yok.

* "Değil" sözcüğü ile:

Örnek: Onunla görüşecek değilim. (Görüşmeyeceğim.)
Bu ev bizim değildir.
Bu adam tanıdık değil.

* "Ne...ne" bağlacı ile:

Örnek: Ne kendi geldi, ne bir kart yazdı. ("Gelmedi ve yazmadı" anlamında.)
Ne ev kaldı, ne bahçe. ("Ev ve bahçe kalmadı" anlamında.)

* Bazı soru tümceleri olumsuz anlam verir:

Örnek: "Çocuklar lâftan anlar mı hiç?" ("Anlamaz" anlamında.)
"Böyle saçma şey olur mu?" ("Olmaz" anlamında.)

c) Soru Cümleleri: "Ne, kim, nasıl, nerede..." gibi soru kelimeleri veya "mi" soru edatıyla kurulan cümlelerdir. Olumlu veya olumsuz halde kurulabilir.

Örnek: Günün nasıl geçti?
Babam geldi mi?
Bunu sana kim söyledi?
Kitabı sana vermedi mi? (Olumsuz soru)
Karşıdaki ev sizin değil mi? (Olumsuz soru)

Not: Sonunda soru işareti olan her cümle soru anlamı vermez.

Örnek: Bu nasıl hava?
Şöyle oturmaz mısınız?
Sizi dinlemez olur muyum?

d) Ünlem Cümleleri: Sevinç, korku, şaşma, beğenme... gibi duyguları içten kopma sözlerle ve canlı bir sesle dile getiren cümlelerdir.

Örnek: Of, çok sıcak!
Yeter artık!

İmdat! düşüyorum...
Ay, ne güzel çocuk!

e) Emir Cümleleri: Buyruk ve uyarı bildirirler.

Örnek: Bu konuyu iyi çalışın.
Kendinizi tehlikelerden koruyun.
Bir daha bunu yapma.
Aklından bile geçirme.

f) Dilek Cümleleri: Kesin bir yargı bildirmeden, bir özlemi, bir isteği dile getiren cümlelerdir.

Örnek: Bir tatil gelse.
Akşama sinemaya gitsek.
Tüm dünyada barış olsa.

g) Koşullu (şarta bağlı) Cümleler: Eylemin yapılmasının şarta bağlı olduğunu belirten cümlelerdir.

Örnek: Çok çalışırsan sınıfını geçersin.
Hızlı yürürsek trene yetişiriz.
Sınıfımı geçersem güzel bir tatil yaparım.

Not: Anlam bakımından şarta bağlı cümleler yapı bakımından bileşiktir.

UYGULAMA

Aşağıdaki cümleleri 1- Öğelerinin dizilişine, 2-Yüklemine, 3-Yapılarına, 4- Anlamlarına göre inceleyiniz.

ÖRNEK: "Balıklar kış gelince sıcak sulara giderler."

1- Öğelerin Dizilişine Göre: Kurallı cümle
2- Yüklemine Göre: Fiil cümlesi
3- Yapısına Göre: Bileşik cümle (İçinde fiilimsi - gelince - var.)
4- Anlamına Göre: Olumlu cümle

1) "Evde mi oturacaksın bütün gün"
2) "Yol ortasında oynamak tehlikelidir"
3) "Çantasını aldı, evden çıktı, doğruca okula gitti"
4) "Çok çalıştım ama sonunda başardım"
5) "Aman, üzerine kamyon geliyor"
6) "Tarlasını süren kimse fenalık yapmayı düşünemez"
7) "Ne ben geleyim, ne de o gelsin"
8) "En üste ulaşmak istiyorsan, en aşağıdan başlamalısın"